민중신학
개념 지도

민중신학 개념 지도

2023년 10월 30일 처음 펴냄

지은이 | 최형묵
펴낸이 | 김영호
펴낸곳 | 도서출판 동연
등 록 | 제1-1383호(1992년 6월 12일)
주 소 | (우 03962) 서울시 마포구 월드컵로 163-3
전 화 | (02) 335-2630
팩 스 | (02) 335-2640
이메일 | yh4321@gmail.com

Copyright ⓒ 최형묵, 2023

이 책은 저작권법에 따라 보호받는 저작물이므로, 무단 전재와 복제를 금합니다.
잘못된 책은 바꾸어 드립니다. 책값은 뒤표지에 있습니다.

ISBN 978-89-6447-958-2 03230

민중신학 개념 지도

최형묵 지음

동연

머리말

'민중신학 개념 지도'를 펴내며

'한 손에 쥐고 보는 민중신학', 그런 책은 없을까? 이 책을 엮어낸 직접적 동기이다.

애초 이 내용은 책을 엮어내기 위해 준비된 것은 아니었다. 그야말로 강의안이었다. 제3시대그리스도교연구소 기획으로 2022년 상반기 4회, 하반기 4회 총 8회에 걸쳐 온라인으로 진행된 "민중신학 개념 지도" 강의안이었다. 온라인 강좌는 상호소통에 제약이 있는 대신 강의를 맡은 이에게는 내용을 충실히 준비하도록 강제하는 효과가 있었다. 게다가 녹화기록으로 남으니 실시간 강의 이후라도 재음미해 볼 만한 내용을 갖춰야 했다. 무슨 묘안이 있었겠는가. 또박또박 완결된 강의안을 작성할 수밖에 없었다. 그 덕분에 강의를 마치고 난 후 책으로 엮어내기가 쉬워졌다.

강의가 진행되는 도중 평가도 솔깃했다. 근래 제3시대그리스도교연구소가 진행한 민중신학 강의 가운데 가장 뜨거운(?) 반응을 보였다고 귀띔해 줬다. 일반인, 교인, 신학생 등 청중도 다양했다. 민중신학의 시효가 다했다는 평가가 끊이지 않음에도 불구하고, 여전히 관심거리가 되고 있는 현상을 직접 확인하며 고무되었다. 또 다른 한편 학교의 강의와 세미나에서도 적절하게 민중신학을 안내해 줄 만한 책이 있으면 좋겠다는 의견도 접했다.

이 정도면 민중신학의 역사적 맥락과 그 요체를 간결하게 파악할 수 있는 길잡이가 되지 않을까 생각하게 되었다. 더 깊이 있는 연구를 위해서는 이미 오랜 세월 축적되어 온 연구 결과들을 추적하고 탐구해야겠지만, 민중신학의 요체를 이해하기 위해 무슨 책부터 봐야 할지 고심하는 이들에게라면 하나의 길잡이 역할을 할 수 있으리라 생각되었다. 그야말로 '한 손에 쥐고 보는 민중신학'으로 받아들여지기를 기대하며 책을 내놓는다.

민중사건의 현장으로부터 촉발된 한국 민중신학은

신학의 방법과 내용을 새롭게 하였다. 이 책의 내용은 강좌의 순서 그대로 수록하였다. 신학의 새로운 지평을 열어준 민중신학 고유의 방법과 내용, 그 중심 개념을 따라가며 개략적으로 살펴본 것이다. 강좌는 〈서설〉 한 편, 〈방법〉 두 편, 〈내용〉 네 편 그리고 〈전망〉 한 편, 모두 8강으로 진행되었다.

〈서설〉로서 1강 "민중사건과 증언"은 민중사건을 증언하는 신학으로서 민중신학에서 핵심이 되는 민중, 사건, 증언의 의미를 새김으로써 강의 전체의 길잡이로 삼았다. 한 편의 글로 민중신학의 요체를 파악하고자 한다면 이 글이 그 몫을 담당해 줄 수 있을 것이다.

〈방법〉으로서 2강 "두 이야기의 합류"는 신학의 규범과 전거, 텍스트와 컨텍스트, 전통과 주체, 주체와 실천 등과 관련하여 중요한 방법론적 의미를 함축하는 "두 이야기의 합류" 개념을 중심으로 민중신학의 고유성을 살펴보았다.

3강 "계시의 하부구조"는 역사적 계시의 중요성을

강조한 민중신학이 마르크스주의적 역사 방법으로부터 어떤 영감을 얻었는지, 그로부터 어떤 지평이 열리게 되었는지 살펴보았다.

〈내용〉으로서 4강 "하늘도 땅도 공(公)이다"는 하느님 나라의 역사화를 함축하는 '공'(公) 개념을 중심으로 대안적 세계를 전망하며 오늘의 사회를 진단해 보았다.

5강 "민중 메시아론"은 민중신학의 가장 뜨거운 쟁점을 다룸으로써 그 요체를 파악하고자 하였다. 이 책에 수록된 내용은 강의 이후 더 보완할 기회가 있어 예외적으로 강의안 그대로가 아니라 보완된 것으로 하였다.

6강 "부활의 신앙, 살림의 신앙"은 그리스도교 신앙을 형성한 핵심 사건으로서 부활의 의미가 죽임을 넘어서는 살림에 있음을 주목한 민중신학의 성찰을 다시 음미하며 오늘의 구원과 해방의 의미를 새겨보았다.

7강 "민중사건과 교회 공동체"는 예수의 민중운동이 교회를 의도한 것이 아니었음에도 불구하고 역사적으로 엄존한 교회의 의미를 다시 예수 사건에 비추어 재조명하며 오늘날 교회의 방향을 모색하고자 하였다.

〈전망〉으로서 8강 "민중신학의 계보학"은 1세대에서 2세대, 3세대로 이어지는 민중신학이 각각 어떤 시대적 요구로부터 비롯되었는지 밝히며, 앞으로 민중신학의 과제를 모색해 보았다.

이 책은 특정한 주제를 중심으로 하는 독창적인 연구보다는 민중신학이 형성된 역사적 맥락을 헤아리며 주요 개념을 중심으로 하여 그 요체를 파악하는 길잡이를 의도하였다. 물론 이와 같은 얼개를 그려낸 것 자체가 하나의 고유한 입장의 반영이라는 것을 부인하지 않는다. 다른 이라면 전혀 다른 얼개를 그려낼 수도 있을 것이다. 여행 답사 경로를 각기 취향과 의미 부여 방식에 따라 달리 설정할 수 있듯이 말이다.

이를 따라 과연 어떤 의미에서 민중신학이 신학의 새로운 지평을 열게 되었는지 헤아리고, 나아가 그 성과가 오늘 당대의 맥락에서 어떤 의미를 지니는지 더불어 생각할 수 있기를 기대해 본다. 그 기대가 충족된다면, 민중신학에 대한 하나의 개념 지도이자 길잡이로서 이 책은 그 몫을 다한 셈이다.

강좌를 제안하여 민중신학의 얼개를 그려볼 수 있도록 기회를 준 제3시대그리스도교연구소에 감사드리며, 또한 좋은 책을 내기 위해 여념이 없는 중에 작은 이 책을 낼 수 있도록 배려해 주신 도서출판 동연 김영호 사장님께 감사드린다.

2023년 가을에

최형묵

차 례

머리말 / 5

민중신학 서설

1강 _ 민중사건과 증언　　　　　　　　　　　　　17
　1. 민중신학에 대하여　　　　　　　　　　　　　17
　2. 왜 '민중'인가?　　　　　　　　　　　　　　　24
　3. 민중사건의 증언으로서 민중신학　　　　　　 32

민중신학의 방법

2강 _ 두 이야기의 합류　　　　　　　　　　　　　43
　1. 신학이란 무엇인가?　　　　　　　　　　　　　43
　2. 민중신학의 고유한 방법을 함축하는 "두 이야기의 합류"　46
　3. 합류 모형이 갖는 신학적 독창성　　　　　　　52
　4. 신학의 장(場)과 실천에 대한 새로운 이해　　　60

3강 _ 계시의 하부구조 　　　　　　　　　　　　　　63

　1. 다시 음미하는 '합류'의 해석학 　　　　　　　63

　2. 계시의 하부구조와 반신학(反神學) 　　　　　66

　3. 물과 계급에 대한 인식의 혁명 　　　　　　　75

　4. 정치경제학적 현실 분석과 신학적 성찰의 결합 　78

　5. 천상의 언어에서 지상의 언어로 　　　　　　83

민중신학의 내용

4강 _ 하늘도 땅도 공(公)이다 　　　　　　　　　89

　1. "하늘도 땅도 공이다" 　　　　　　　　　　　89

　2. '공' 개념의 역사적 맥락 　　　　　　　　　　93

　3. '공' 개념의 민중신학적 심화 　　　　　　　　96

　4. 하느님의 주권의 표상으로서 '공'과 인권 　　103

　5. 오늘 한국 사회에서 '공'의 의미 　　　　　　106

　[보론] 공의 신학과 공공성의 신학 　　　　　　109

5강 _ 민중 메시아론 　　　　　　　　　　　　　113

　1. 민중은 메시아인가? 　　　　　　　　　　　113

　2. 민중 메시아론의 형성과 그 요체 　　　　　　117

　3. 민중 메시아론, 그 쟁점들 　　　　　　　　　134

　4. 주객 이분법의 극복, 구속사와 일반사의 통합 　152

6강 _ 부활의 신앙, 살림의 신앙 155
　1. 어떤 부활이냐? 155
　2. 죽음을 넘어 살림으로 158
　3. 오늘의 시대정신과 부활 신앙의 회복 170

7강 _ 민중사건과 교회 공동체 173
　1. 민중신학의 교회론은 불가한가? 173
　2. 역사적으로 구체적인 현실에서 대안을 제시하는 민중신학 174
　3. 종말 의식을 회복한 민중의 공동체로서 교회 177
　4. 민중신학에 기초한 교회 182

민중신학의 전망

8강 _ 민중신학의 계보학 189
　1. 민중신학 세대론 189
　2. 민중신학의 여러 경향 193
　3. 오늘의 역사적 지평에서 민중신학의 의의와 전망 196

맺음말에 갈음하여 203

참고문헌 / 209

민중신학
서설

1강

민중사건과 증언*

1. 민중신학에 대하여

최근 한류의 영향으로 영국 옥스퍼드사전에 26개의 한국어가 새로 등재된 것으로 알려졌다. 그 이전에 한국어로 세계적 시민권을 가진 개념을 들자면 '김치'와 '온돌' 등이었을까? 근자에 '재벌' 또한 번역되지 않은 채 통

---

* 이 강의안은 최형묵, "민중사건의 증언: 안병무의 민중신학,"「진보평론」 64(2015, 여름); "민중신학은 진화하고 있는가,"「농촌과 목회」 66(2015, 여름); "민중신학 이야기를 말하다"(안병무,『민중신학 이야기』해제 논문), 日本語版 安炳茂著作選集1『民衆神学を語る』(大阪: かんよ出版社, 2016) 등의 내용을 추려 재구성하고 다듬은 것이다.

용되는 것으로 알려져 있다. 그런데 그보다 앞서 명예스럽게 '민중'이 그 반열에 있었다. 그것은 전적으로 'K-신학', 곧 '민중신학'(Minjung Theology) 덕분이다. 세계 신학계에서 '민중'은 번역되지 않은 채 한국의 고유개념 그대로 통용된다. 그 개념이 한국의 고유한 역사와 그 특성을 함축하고 있기에 다른 개념으로 번역되기보다 그대로 사용되는 것이 고유한 한국의 역사적 맥락에서 형성된 민중신학의 특성을 잘 드러내는 것으로 받아들여졌기 때문이다.

세계적 차원에서 한국 그리스도교에 대해서는 두 가지 점이 주목거리가 되고 있다. 하나는 짧은 선교 역사에도 불구하고 급성장한 점이고, 또 다른 하나는 한국의 그리스도인들이 민주화와 인권을 위한 투쟁에 적극적으로 나서면서 자신의 고유한 신학을 형성한 점이다. 세계 신학계에서 민중신학은 바로 한국의 고유한 신학일 뿐 아니라 한국 그리스도교를 대표하는 신학으로 평가받고 있다.

또한 민중신학은 국내의 학계에서도 그저 하나의 그리스도교 이론으로서만이 아니라 현대 한국 사회에서 성취된 자생적 이론 가운데 하나로서 평가받고 있다. 「교수신문」은 근대 학문 1백 년 동안 고안된 여러 가지 이론들 가운데 여러 의견을 반영하여 20개의 이론들을 꼽은 적이 있는데, 민중신학 또한 그 목록에 올랐다.[1] 일단 그것은 민중신학의 고유한 이론적 성취에 대한 평가를 함축한다고 할 수 있다. 하지만 그것은 민중신학만의 독특한 성취라기보다는 한국 근대화 과정에서 형성되어 이미 여러 학계에서 공유된 민중 의식에 대해 그 어떤 분야에서보다도 치열하게 천착해왔던 민중신학의 이론적 성취에 대한 적절한 평가를 함축한다고 할 것이다.

민중신학이 한국의 민중운동에 대한 증언으로 형성되었다는 것은 잘 알려진 사실이다. 그 민중신학이 하나의 분명한 신학적 경향으로서 형성되고 널리 알려지게 된 데에는 일련의 과정들이 있다. 처음 민중신학의 맹아萌芽는 1973년 「한국 그리스도인 선언」에서 분명하게 드러나기 시작하였다. 그것은 경제 개발을 본격화하는 가

---

[1] 교수신문 편, 『오늘의 우리 이론 어디로 가는가 — 현대 한국의 자생이론 20』 (서울: 생각의나무, 2003).

운데 점차 권위주의로 치달아 마침내 유신 체제를 확립하여 정상적인 헌정을 중단한 박정희 정권에 대한 한국 그리스도교의 전면적인 저항 선언으로, 이전부터 전개되어 온 한국 그리스도인들의 사회적 실천의 근거를 신학적으로 분명하게 밝힌 것이었다. 여기에서 예수가 '눌린 자들', '가난한 자들', '약한 자들', '멸시받는 자들'과 함께한 것처럼 한국의 그리스도인들도 그들과 운명을 같이해야 한다고 고백한 것은 민중신학의 맹아로서의 성격을 분명히 갖고 있다. 여기에서 천명된 입장은 1975년 2월 서남동의 "예수·교회사·한국교회"[2]에서 그리고 같은 해 4월 안병무의 "민족·민중·교회"[3]에서 점차 신학적으로 가다듬어지기 시작했고, '민중신학'이 하나의 개념으로서 비로소 등장하게 된 것은 역시 같은

---

[2] 「기독교사상」 1975년 2월호에 처음 발표된 이 글은 나중에 서남동, 『민중신학의 탐구』 (서울: 한길사, 1983), 11-27에 수록되었다. 이후 이 책의 인용은 개정증보판으로 한다. 서남동, 『민중신학의 탐구』 개정증보판 (서울: 동연, 2018).

[3] 「기독교사상」 1975년 4월호에 처음 발표된 이 글은 나중에 NCC신학연구위원회 편, 『민중과 한국신학』 (서울: 한국신학연구소, 1982), 17-26에 수록되었다.

해 4월 서남동의 "'민중의 신학'에 대하여"4에서였다. 그리고 그 문제의식을 공유한 사람들 가운데 합의된 개념으로서 '민중신학'이라는 말이 사용된 것은 1979년 한국에서 열린 아시아기독교협의회(CCA) 신학협의회에서였고, 그 개념이 국제적으로 통용되기 시작한 것도 이즈음부터였다.

그러나 실제 민중신학이 형성된 것은 그보다 앞서 1960년대말 1970년대초 한국의 정치사회적 배경에서였다. 1970년 11월 13일 한국 사회를 충격에 빠트린 하나의 극적인 사건이 있었다. 평화시장 노동자 전태일의 분신 사건이었다. 그 사건은 1960년대 이래 경제 개발의 실질적 주역이었음에도 불구하고 그 정당한 대가를 보장받지 못하고 주변 세력으로 전락한 '민중'의 문제를 전면적으로 제기한 사건이었다. 안병무는 이에 대해 이렇게 술회하고 있다.

---

4 「기독교사상」 1975년 4월호에 처음 발표된 이 글은 나중에 서남동, 앞의 책에 수록되었다.

청년 전태일 군의 분신자살이 신학하는 이들에게 커다란 충격이 되었다. … 이것은 사건이 되었다. 먼저 학생들이 이에 호응하여 일어났으며, 죽은 듯했던 노동자들이 일어나기 시작했다. 실제로 1970년에는 165건에 불과했던 노사분규가 그가 죽는 다음 해인 1971년에는 그 열 배인 1,656건이나 발생하였다. 이러한 와중에서, 그리스도교의 일각에서도 눈을 떠서 1971년 9월 도시빈민들의 발전을 위한 수도권도시선교회를 발족시킴으로써 민중현실에 참여하게 되었다. 이 참여자들은 현장에서 뛰는 자들이었다. 민중신학은 미네르바의 부엉이처럼 이렇게 일어난 사건의 증인으로 그 뒤를 잇게 된 것이다.[5]

---

5 안병무, "민중운동과 민중신학," 『역사와 민중』 안병무전집 6 (서울: 한길사, 1993), 254-255. 안병무와 함께 민중신학을 정초한 서남동에 의하면 민중신학의 태동은 '전태일 사건'과 '김지하의 시'라는 두 가지 계기와 밀접하게 관련되어 있다. 전태일 사건이 '민중'의 문제를 전면적으로 제기한 사건이라면, 1970년대 '김지하의 시세계'는 바로 그러한 민중의 현실에 대한 지식인 내지 양심세력의 자각을 대표하는 것이라는 점에서 전태일 사건이 민중신학 형성의 원점이라는 것에는 변함이 없다. 서남동이 굳이 덧붙여 '김지하의 시세계'를 언급한 것은, 1974년 WCC 나이로비 총회 준비회의에서 외국인들이 김지하의 안부를 묻는데 자신이 제대로 알고 있지 못했던 것에 놀라 김지하의 시를

훗날 서남동은 전태일 사건에 대해 이렇게 의미를 부여하였다. "전태일의 삶은 불의한 착취와 그 착취에 시달린 어린 생명들의 아픔을 한 몸에 흡수해 버리고 그 착취와 아픔으로부터 삶을 해방하고자 했던 삶이다. '참 삶이 어떠한 것이냐' 하는 것은 이러한 속죄양의 희생에서 계시된다."6

안병무가 술회한 바와 같이 민중신학은 민중사건을 증언하고자 하는 데서 형성되었다. 여기에서 민중신학의 형성에 주도적 역할을 맡은 이들이 스스로 '민중경험'을 하게 되었다는 점 또한 간과되어서는 안 된다. 민중신학의 형성에 주도적 역할을 맡은 이들 대다수는 학교에서 해직되거나 감옥에 갇히는 경험을 하였다. 민중사건을 목격하고 나아가 스스로 민중경험을 하게 된 일단의 신학자들이 민중의 관점에서 새롭게 신학적 성찰을 시도한 것이 곧 민중신학이 되었다.

찾아보고 통찰을 얻게 된 자신의 특별한 경험과 관련되어 있다.
6 서남동, 앞의 책, 453.

2. 왜 '민중'인가?

민중신학의 특이성은 민중을 신학하는 관점의 출발점으로 삼고, 이로부터 역사를 재해석하는 한편 신학 자체를 재구성한 데 있다. 따라서 그와 같은 신학적 관점이 한국 역사에서 어떤 의미를 지니는지 분명히 이해하기 위하여 한국 근현대사에 '민중'이 갖는 의의에 대해 먼저 살펴볼 필요가 있을 것이다. 말하자면 한국 근현대사에서 형성된 역사적 개념으로서 민중의 의의를 살펴보자는 것이다.

1) 1970년대 한국 사회의 맥락에서 본격적 개념으로 등장한 '민중'

'민중民衆'은 1970년대 한국 사회에서 독재정권에 대한 저항운동이 발전하는 가운데 그 주체를 의미하는 중요한 개념으로 사용되기 시작하였다. 일련의 사회적 저항운동이 '민중운동'으로 불림과 동시에 '민중'에 대한 인식은 경제학, 사회학, 역사학, 문학, 종교 및 신학 등의 영역에서 세계를 인식하는 시각과 방법을 함축하는 중요한 개념으로 자리 잡게 되었다. 여기서 '민중'은 정치·경제·사회적 모순관계 속에서 억압과 수탈을 받으면서 동시에 그 억압과 수탈을 극복하기 위해 저항하는 주체로 인식되었다.[7] 다시 말해 '민중'은 일차적으로 지배계층과 대립되는 의미에서 피지배계층 일반을 지칭한다는 점에서 통치의 대상을 말하는 한편 동시에 통치체제의 모순에 저항하면서 대안적 사회를 지향한다는 점에서 정치적 주체로 인식되는 사회적 세력을 일컫는 개념으로 사용되어 왔다.

이와 같은 '민중'의 개념이 1970년대에 새삼 부각된 까닭은 한국적 근대화가 본격화된 당시의 시대적 맥락 때문이었다. 자본주의적 산업화로서 경제 개발이 가속화되는 상황에서 '민중'은 그 경제 개발을 가능케 하는 실질적 주역이었음에도 불구하고 경제 개발을 위한 동원의 대상으로 간주되었을 뿐 정당한 권리의 주체로서

---

[7] 정창렬, "백성의식·평민의식·민중의식," 한국신학연구소 편, 『한국민중론』 (서울: 한국신학연구소, 1984), 157-158.

인정되지 않은 현실은 민중의 저항을 촉발하였다. 결국 그렇게 저항의 주체로 뚜렷하게 등장한 민중의 실체를 인식하는 가운데 민중의 개념은 한국 사회를 바라보는 시각과 방법을 함축하는 중요한 개념으로 자리 잡게 되었다.

2) 한국 근현대사에서의 '민중'의 등장

'민중'은 1970년대 한국 사회의 맥락에서 비로소 발견된 것은 아니었다. 더러 '민중'은 1970년대 한국 사회의 저항운동이 급진화되면서 '인민대중'을 대체하는 개념으로 사용되기 시작했다고 보는 견해도 있지만,[8] 그것이 정확한 진단은 아니다. '민중'은 거슬러 올라가자면 조선의 봉건 체제 해체기, 곧 근대적 질서가 태동하는 시기에 그 근원을 두고 있다.

조선의 봉건 체제하에서 지배층과 구별되는 대상을 일컫는 말로써 가장 널리 통용되는 개념은 '인민人民'이었

---

8 김세균, "계급 그리고 민중, 시민, 다중," 「진보평론」 20(2004, 여름), 307.

다. 이때 '인민'은 통치자의 돌봄을 받아야 하는 '적자赤子'(갓난아기)를 뜻하는 것이었다.9 조선의 통치 이념 가운데 하나로 '민본民本' 사상이 있지만, 그것은 권리의 주체로서 인민을 통치 체제의 기본으로 해야 한다는 의미는 아니었다. 인민은 어디까지나 통치의 객체로 간주되었고, 군주의 위정의 핵심으로서 '애민愛民', '위민爲民', '외민畏民'(두려움의 존재)은 적자로서의 인민을 돌보아야 한다는 성리학적 세계관의 표현일 뿐이었다. 그와 같은 세계관에 의해 뒷받침된 봉건 체제 내에서 인민은 자기 분수를 지키며 각자 생업에 종사하였다.

반면에 '민중'은 통치의 객체에서 통치의 주체로서 의식의 전환을 이룬 새로운 인민으로서 등장한다. '민중'의 탄생은 곧 근대의 탄생을 알리는 것이었다. 17세기 이래 서서히 진행된 봉건 체제의 해체 과정의 여러 계기들을 통해 인민은 주체로서 자각하게 되었고, 19세기 민란의 시대에 이르러 '민중'이라는 새로운 이름으로 등장하였다. 예컨대 1894년 3월 동학 농민군의 격문은 궐기의 주

---

9 송호근, 『인민의 탄생 — 공론장의 구조변동』 (서울: 민음사, 2011).

체를 '민중'으로 호명하고 있다.

> 양반과 부호의 앞에 고통을 받는 민중들과 방백과 수령의 밑에 굴욕을 받는 소리(小吏)들은 우리와 같이 원한이 깊은 자라. 조금도 주저치 말고 이 시각으로 일어서라.[10]

자생적 근대화의 길이 좌절되고 외세의 침입과 더불어 한국 사회가 국제적인 자본주의 질서에 편입될 즈음 '민중'에 대한 의식은 더 분명한 형태로 등장하였다. 신채호의 「조선혁명선언」(1923)은 다음과 같은 내용을 표방하고 있다.

> 구시대의 혁명으로 말하면, 인민은 국가의 노예가 되고 그 위에 인민을 지배하는 상전 곧 특수세력이 있어 그 소위 혁명이란 것은 특수세력의 명칭을 변경함에 불과하였다. … 금일 혁명으로 말하면 민중이 곧 민중 자기를 위하여 하는

---

10 오지영, 『東學史』(서울: 영창서관, 1940), 112; 정창렬, 앞의 글에서 재인용.

혁명인 고로 '민중혁명'이라 '직접 혁명'이라 칭함이며, … 우리 혁명의 제일보는 민중각오의 요구니라. 민중이 어떻게 각오하는가? 민중은 신인이나 성인이나 어떤 영웅호걸이 있어 '민중을 각오'하도록 지도하는 데서 각오하는 것도 아니요, '민중아, 각오하자. 민중이여, 각오하여라' 그런 열렬한 부르짖음의 소리에서 각오하는 것도 아니다. 오직 민중이 민중을 위하여 일체 불평·부자연·불합리한 민중 향상의 장애부터 먼저 타파함이 곧 '민중을 각오케'하는 유일한 방법이니, 다시 말하자면 곧 먼저 깨달은 민중이 민중의 전체를 위하여 혁명적 선구가 됨이 민중 각오의 첫째 길이다.[11]

여기에서 '민중'은 '인민'과 분명히 구별된 의미로 사용되고 있다. '인민'이 국가통치의 객체로 인식된 반면 '민중'은 스스로를 위하여 일어서는 주체로 인식되고 있다. 또한 주체로서의 민중의 자각, 곧 사회적 모순에 대한 자각적 인식을 뜻하는 '민중의식'에 대한 인식 또한

---

11 신채호, "조선혁명선언," 한국신학연구소 편, 앞의 책, 407-408; 조동일, "민중·민중의식·민중예술," 한국신학연구소 편, 앞의 책, 116-117 참조.

분명히 드러나 있다.

1970년대 이후 새삼 부각된 '민중'은 해방과 한국전쟁 이후 단절된 민중운동의 복원과 그 맥락을 같이한다. 이때 '민중'의 의의는 기본적으로 근대의 태동과 함께 등장한 새로운 주체로서 '민중'에 대한 인식의 연장선에 놓이게 되었다. 그 결과 한국 사회에서 민중은 일차적으로 봉건 체제의 모순에 대한 저항에서 시작하여 식민 지배 세력에 대한 저항의 과정에서 그리고 본격적인 산업화와 민주화의 과정에서 뚜렷한 자기 역할을 보여준 세력으로 인식되고 있다.

3) 왜 '민중'인가?

서구 역사에서 전형적인 근대화의 과정은 자본제의 형성과 더불어 부르주아 시민 계급과 동시에 그에 대립되는 노동자 계급을 형성시켰다. 여기서 '시민'은 봉건 체제에 저항하는 새로운 주체로 등장하였고, '노동자 계급'은 그 시민이 주도하는 자본제적 질서하에서 자본의 속박에서 벗어나고자 하는 주체로서 인식되어 왔다. 한국 사회 역시 자본제 사회를 형성한 만큼 부르주아 시민 계급과 노동자 계급의 형성이라는 전형적인 사회 계급 관계의 구성을 갖추고 있다는 점에서 예외는 아니다.

그럼에도 불구하고 한국 사회에서 '시민 계급' 또는 '노동자 계급' 대신에 '민중'이 역사의 주체로 부각된 것은 근대 자본주의 형성의 복합적 성격과 동시에 한국 근대화의 역사적 특수성에서 비롯된다. 우선 자본주의 형성의 복합성은, 봉건 체제를 대신하는 자본제적 질서가 순수한 형태로 전일적으로 사회를 지배하는 형태로 형성된 것이 아니라, 기존의 질서가 일정 부분 온존되는 가운데 복합적 사회 형태(사회구성체)를 구성하며 구현되어 온 성격을 말한다. 여기서 지배 세력과 피지배 세력의 구성 또한 그 복합적 성격을 반영할 수밖에 없다. 나아가 한국 사회는 자생적 근대화의 길이 차단당한 채 외세에 의해 강제적으로 국제적인 자본제 질서에 편입되는 역사적 과정을 경유하였고, 정치적으로 외세의 지배가 종식된 이후에도 상당 부분 그 영향을 받지 않을 수 없는 복합적인 경로를 거치게 되었다. 한국의 근대화는 부르주아적 시민계급 주도에 의한 전형적인 자본제 확립을 통한 과정과는 전혀 다른 과정을 통해 이루어진 것이다. 민중은 이러한 과정에서 형성된 매우 복합적인 사회적 세력으로서 성격을 지니고 있다. 이러한 사정은 민중의 구성이 국면에 따라 매우 유동적이고 역동적일 수밖에 없는 성격을 시사한다.

3. 민중사건의 증언으로서 민중신학

민중신학은 한국 근현대사에서 등장한 바로 그 민중을 신학의 출발점으로 삼았다. 안병무와 함께 또 다른 민중신학의 정초자인 서남동은 이른바 역사의 주체로서 민중의 의의를 이렇게 집약하였다. 곧, 민중은 "생활가치를 생산하고 세계를 변혁시키며 역사를 추진해 온 실질적 주체이면서도 지배 권력으로부터 소외·억압되어 천민·죄인으로 전락했"지만, "역사의 발전에 따라서 자기의 외화물外化物인 권력을 원자리로 되돌리고 하나님의 공의 회복을 주체적으로 이끌어서 그로써 구원을 성취하도록 되었다"는 것이다.[12]

안병무 역시 이와 다르지 않은 민중 인식을 공유하

고 있다. 그런데 안병무가 민중의 주체성을 말하는 데서 특이한 점은 '민중사건'의 의미를 강조한다는 것이다. 한동안 실존주의에 빠져 있었던 안병무는 '사건'의 개념을 실존주의 신학자 불트만$^{Rudolf\ Bultmann}$에게서 빌려왔다.

불트만에게서 '사건'(Ereignis)은 예수의 십자가 사건을 통해 드러난 신적 구원 사건으로서, 일회적 사건에 그치지 않고 시공을 초월한 보편적 성격을 지닌 것이었다. 불트만에게서 그 사건의 의미는 신앙을 통한 실존적 체험의 성격을 지닌 것이었다. 말하자면 예수의 십자가 사건이 신앙을 통해 그 의미가 현재화될 때 오늘의 개별적인 주체에게 실존적으로 관계되는 것이었다.[13]

그러나 안병무는 그 사건의 의미를 역사적 지평에서 재해석하였다. 안병무는 특별히 민중 예수가 일으킨 사건을 주목한다.[14] 안병무는 예수를 개인적 인격으로 파

---

12 서남동, 앞의 책, 58.

13 R. Bultmann, *Kerygma und Mythos*, Bd. I (Hamburg: Reich, 1967), 67; 김명수, 『안병무의 신학사상』 (서울: 한울, 2011), 139.

14 이하 민중사건의 의미에 대해서는 안병무가 곳곳에서 이야기하고 있지만, 특별히 그 의미를 집약한 것으로는 안병무, 『민중신학 이야기』 (서울:

악하는 것을 거부하고 집단적 인격을 대표하는 것으로 이해하였다. 따라서 '민중 예수'는 예수 그 자신이 민중을 대표한다는 것을 뜻하며 동시에 언제나 민중과 자신을 동일시하는 가운데 더불어 있다는 것을 뜻한다. 여기서 예수와 민중은 분리되지 않는다. 한편은 주체가 되고 한편은 객체가 되는 관계가 아니다. 혼연일체로서 주체를 형성한다. 안병무는 혼연일체로서 그 주체가 일으킨 사건 속에서 역사적 예수의 진면목을 찾는다. 그 사건은 2천 년 전 갈릴리 역사적 현장에서 일어난 유일회적 사건으로 그치지 않는다. 그것은 마치 화산맥이 분출하듯, 끊임없이 역사 가운데서 재현된다. 안병무가 전태일 사건을 서슴없이 예수 사건이라 말한 것은 그런 맥락에서다.

안병무는 바로 그 민중사건을 증언하는 것이 민중신학의 핵심적 과제라고 천명하였다. 예수와 민중은 해방의 사건 안에서 하나가 된다. 민중신학의 가장 핵심적인 이 명제가 신학적 차원에서는 가장 예민한 논란거리가 되었다. 특별히 서구 신학자들에게 민중과 예수의 동일

한국신학연구소, 1987), 86-128.

시는 커다란 문젯거리가 아닐 수 없었다. 구체적으로 말하면 예수가 민중을 대표한다는 것은 받아들일 수 있다 하더라도 민중이 예수와 동일한 역할, 곧 메시아적 역할을 맡을 수 있느냐 하는 것이 문제였다.

안병무는 사건 안에서 그것은 가능하다고 단언하였다. 안병무가 사건의 의미를 강조할 때 가장 중요한 초점은 민중의 자기 초월의 성격이다. 안병무는 숱한 역사적 사건 안에서 민중이 자기를 초월하는 것을 본다고 역설했다. 하나의 범례로서 전태일 사건의 경우, "자기 고통의 문제를 자기 개인에게 한정시키지 않고 노동자 전체의 문제로 승화시킨 데서 민중적 메시아상이 드러"난다고 보았다. 그것은 전태일이 곧 메시아라는 것을 뜻하지는 않는다. 전태일 사건 안에 민중의 메시아적 역능力能이 현존한다는 뜻이다.15 바로 이런 의미에서 안병무가 강조한 예수와 민중의 동일시는 항간에서 오해되고 있듯이 이른바 존재론적 동일시와는 다른 것이다. 그것은 철저하게 사건의 지평 안에서의 동일시를 뜻한다.

---

15 안병무, 앞의 책, 116.

민중사건에 대한 안병무의 이와 같은 이해는 사실 역사 이래로 그리고 오늘도 여전히 위력을 떨치고 있는 숱한 정치적 메시아니즘에 대한 깊은 성찰을 함축하고 있다. 또 다른 민중신학자 김용복은 '정치적 메시아니즘'과 '메시아적 정치'를 구별하고, 민중 가운데서 민중을 주체화하는 '메시아적 정치'의 본보기로서 예수의 길을 강조하였거니와[16] 안병무의 민중사건론은 진정한 주체로서 민중의 역할에 대한 근본적 성찰로서의 성격을 지니고 있다. 안병무의 민중사건론의 전망에서 볼 때, 민중은 구원의 대상이 아니라 사건 안에서 자기 초월을 경험하는 가운데 스스로를 구원한다. 신학자 안병무에게서 역사적 예수는 바로 그 민중사건의 가장 분명한 하나의 전거였던 것이다.

안병무의 민중사건에 대한 통찰은 성서에서 예수의 주변에 등장하는 '오클로스^{oklos}'에 대한 이해를 기반으로 하고 있다. 그것은 당대의 시대적 문제의식과 정면으로 대결한 성서학자로서 안병무의 도드라진 기여 가운데

---

[16] 김용복, 『한국 민중과 기독교』 (서울: 형성사, 1981), 109-123.

하나이다. 마가복음의 용례에 따라 파악된 오클로스는 특정한 집단에 귀속성을 갖지 못한 다양한 무리로서, 굳이 개별화하자면 '병자들', '배고픈 자들', '세리', '죄인', '창기' 등으로 구체화되는 이들을 말한다. 이들이 통상 '죄인'으로 불렸다는 사실이 말해 주고 있듯이 이들은 기존의 체제에서 배제된 무리들이었다. 예수 주변에는 항상 이와 같은 이들이 몰려 있었다. 예수는 이들을 무조건 포용하고 이들을 하느님 나라의 주체로 선포했다. 예수는 기존의 통념에 따라 '어떤 가치'를 강요하는 방식이 아니라 이들의 '요청에 응'하고 이들과 '일치의 입장'에 섬으로써 그렇게 하였다.[17] 안병무는 그 일치 가운데 일어나는 '사건'을 주목하였고, 그 사건은 마치 화산맥이 분출하는 것과 같이 역사 안에서 재현되는 것으로 본 것이다.

안병무가 성서의 오클로스를 주목하고 그것을 오늘의 민중을 이해하는 데 하나의 범례로 삼고 있는 점은 민중신학의 민중론이 바로 지금의 현실에서도 중요한

---

[17] 안병무, "예수와 오클로스," NCC신학연구위원회 편, 앞의 책, 86-103. 안병무는 여기서 '오클로스'에 대비되는 개념이 '라오스'(laos)라고 지적하고 있다.

의미를 지니고 있을 뿐 아니라 세계적 차원에서 보편적 의미를 지닐 수 있다는 것을 보여주는 중요한 성취에 해당한다.

사실 민중신학 안에서, 심지어는 그 민중신학자의 한 사람으로서 안병무 자신에게서도 민중에 대한 이해는 완벽한 정합성을 갖고 있다기보다는 일정 부분 동요하는 가운데 미묘한 경향의 차이를 드러내는 경우도 있다. 그 단적인 예 가운데 하나가 '민중적 민족'과 '민족적 민중'이라는 개념이다. 민족의 현실을 민중의 현실과 동일시한 데서 '민중적 민족'이라는 개념이 사용되었다.[18] 민족 구성원의 절대다수가 민중이라는 의미에서가 아니라 민족국가가 엄존하는 현실에서 주체성을 보장받지 못하는 민족의 현실이 그와 같이 인식된 것이다. 이것이 '민중적 민족'이라는 개념이 함축하고 있는 의미이다. 그런 의미에서 민족과 민중은 모순관계로 인식되지 않고 병행관계로 인식되었다. 한발 더 나아가 '민족적 민중'이라는 말까지 통용되었던 사정은 그러한 인식을

---

18 안병무, 『역사와 민중』 안병무전집 6 (서울: 한길사, 1993), 375 이하.

반영하고 있다.

그러나 기존하는 질서 안에서 어떤 귀속성을 전제로 하는 '민족' 개념과 탈귀속성과 박탈을 특징으로 하는 '민중'을 아무런 단서 없이 등가적으로 다루는 데는 무리가 있다. 귀속성을 전제로 하는 민족에 방점이 주어진다면 민중에 대한 이해는 제약될 수밖에 없다. 바로 그와 같은 제약을 넘어서는 인식을 보여주는 것이 기존 체제 안에서 어떤 귀속성도 갖지 않고, 그렇기에 체제에 의해 '죄인'으로 낙인찍힐 수밖에 없었지만 오히려 놀라운 자기 초월의 경험을 통해 해방 사건의 주역으로 등장하는 오클로스에 대한 이해이다.

안병무는 사실 의도적으로 민중의 개념적 정의 자체를 기피하였지만, 예수 주변의 오클로스가 그 전범이 되고 있는 것이 분명하다. 바로 그 점에서 안병무의 민중론은 오늘의 세계 현실에서 배제되고 심지어는 망각되고 있지만 그렇기에 새로운 세계의 주역이 될 수 있는 주체들을 모색하는 여러 이론과 대화할 수 있는 기반을 탄탄하게 갖추고 있다고 할 것이다.

민중신학의 방법

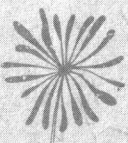

2강

두 이야기의 합류

1. 신학이란 무엇인가?

그리스도교 역사 초기에 신학이란 원래 성서에 관한 묵상을 의미했다.[1] 그러나 그것은 학문으로서의 신학이 성립하기 이전의 견해였다. 하나의 학문으로서의 신학, 곧 합리적 지식으로서의 신학의 성립은 12세기에 이르러서였다.[2] 아벨라르두스Abelardus에 의해 처음 사용되기 시작한 이 '신학'(theologia)은 이후 토마스 아퀴나스Thomas

---

1 G. Gutierrez/편집부 역, 『해방신학』 (서울: 한밭출판사, 1984), 13.
2 G. Gutierrez, 앞의 책, 15.

Aquinas에 이르러 본격적인 체계를 갖춘 것으로 여겨진다.

이때 '신학'(*theologia*)은 말 그대로 '신에 관한 학문'이었다. 그리고 이와 같은 신학에 대한 이해는 가장 전통적이며 일반적인 신학에 관한 이해로 여겨지고 있다. 전통적으로 이와 같은 신학에 관한 이해는 곧바로, '신학은 교회에 봉사하는 학문'이라는 주장을 옹호하게 되었다. 이 견해가 필연적으로 그와 같은 결론을 함축하고 있는 것은 아니지만, 이와 같은 신학에 관한 이해가 형성되던 시기에 교회는 하느님이 현존하는 배타적인 거룩한 장소로 간주되었기 때문이다.

근대 이후 인간의 재발견, 더 구체적으로 인간 개체의 발견이 이루어지고 난 후 신학에 대한 이해는 달라진다. 이른바 자유주의적 신학 이해가 등장하게 되는데, 이 자유주의적 신학 이해는 "신학의 비밀은 인간학"이라는 명제에 기초하고 있다. 여기에서 신학은 신앙인 개인의 실존에 의미를 부여해 주는 역할을 담당하는 것으로 이해된다.

그러나 서구의 진보적 신학 또는 제3세계 신학의 등장은 신학에 대한 이해를 또 다시 새롭게 하였다. "신학이란 무엇인가?" 하는 물음에 대해 근본적으로 새롭게 답변하려고 하는 것이다. 몇 가지 예를 들어 보자.

> 신학은 신앙적으로 인식하고 사고하는 비판적 학문이다. 일차적으로 신학은 증인들의 소리를 통해 알려진 하느님 나라의 도래에 관심한다(H. J. Kraus).[3]

> 신학은 말씀의 빛을 받아서 그리스도교 신앙 실천에 관해 비판적으로 고찰하는 것이다(G. Gutierrez).[4]

서남동은 "신학이란 그리스도교 신앙을 학문적으로 체계화하는 작업"으로서 "신학은 언제나 그 시대의 언어를 매체로 하여 재해석하는 작업"이며, 신학이 "한 시대의 언어나 사상을 바탕으로 하는 것은 단순히 유행이라는 의미에서가 아니라 그 시대 사람들이 무엇을 생각하고 있느냐 하는 관심의 반영"이라고 하였다.[5]

---

3 H. J. Kraus/박재순 역, 『조직신학』 (서울: 한국신학연구소, 1986), 73.
4 G. Gutierrez, 앞의 책, 27.

이러한 이해들에서 공통되는 점은 우선 신학이란 단순히 신에 관한 학문이 아니라는 점이다. 표현의 차이는 있지만 본질적으로 공통적인 요소는 신학이란 신앙의 전통과 특정한 시공간에서의 그 신앙 전통 수용자들의 관계 안에서 형성된다는 점이다.

2. 민중신학의 고유한 방법을 함축하는 "두 이야기의 합류"

신학에 대한 새로운 이해는 서남동의 "두 이야기의 합류" 개념에서 더욱 명료해진다.

한국의 민중신학의 과제는 기독교의 민중 전통과 한국의 민중 전통이 현재 한국교회의 '신의 선교'[6] 활동에서 합류되고

---

5 서남동, 『민중신학의 탐구』 개정증보판 (서울: 동연, 2018), 208-210.
6 '하느님의 선교'(Missio Dei)란 '교회 중심'에서 벗어나 '하느님 중심'을 회복한 선교 개념이다. 기존의 선교 개념은 교회를 중심으로 한 것이었다. 그래서 그 선교의 논리는 "'하느님'께서 '교회'(혹은 그리스도교)를 통해 '세계'에 역사하신다"는 것이었다. 이것은 어쩌면 매우 당연한 선교의 논리요, 신앙의 논리처럼 보인다. 그러나 교회만을 통해 혹은 그리스도교

있는 것을 증언하는 것이다. 현재 눈앞에 전개되는 사실과 사건을 '하느님의 역사 개입', 성령의 역사, 출애굽의 사건으로 알고 거기에 동참하고 그것을 신학적으로 해석하는 일이다.[7]

이는 민중신학의 고유한 방법을 가장 함축적으로 집약하고 있다. 이른바 '합류 모델'로 불리는 민중신학은

만을 통해 하느님이 역사한다는 논리는 교회와 그리스도교의 배타성을 강화했을 뿐만 아니라 하느님의 주권마저 제약시키는 결과를 낳았다. 하느님은 교회의 하느님, 그리스도교의 하느님, 그것도 서구 백인 그리스도인의 하느님만으로 제약되는 결과를 낳은 것이다. 여기에서 기존의 교회 중심의 선교론에 대한 비판적 검토가 필요하게 되었고, 그 반성의 결과 '하느님의 선교론'이 등장하게 되었다. 이 선교론은 무엇보다 선교의 주체가 하느님이라는 것을 분명히 한다. 하느님은 어떠한 것에도 구애받지 않고 자유롭게 이 세계에서 역사하신다는 것이다. 이때 교회와 그리스도인은 그 하느님의 역사가 이루어지는 곳을 찾아 그 일에 함께 동참할 의무를 지닌다. 그러니까 교회와 그리스도인은 하느님 선교의 배타적 담지자가 아니라 가장 충직한 심부름꾼으로서의 역할을 맡을 것이라 할 수 있다. 20세기에 들어 이루어진 세계 그리스도교의 이와 같은 자각은 선교의 장을 엄청나게 확장함과 동시에 선교 형태를 다양하게 만들었다. 이러한 하느님의 선교 신학이 한국 민중신학에서 그 의의를 재조명받으며 재정식화된 것이다.

7 서남동, 앞의 책, 101.

한국 신학으로서 어떤 의의를 지니고 있을까? 과연 어떤 점에서 신학으로서 그 접근 방법을 새롭게 한 것일까?

김경재는 토착 종교와의 상관관계 안에서 형성된 한국 신학의 유형을 '파종 모델'(박형룡), '발효 모델'(김재준), '접목 모델'(유동식), '합류 모델'(서남동) 등의 네 가지로 구별하고 그 의의를 논하고 있다.[8] 파종 모델은 보수 정통주의신학을, 발효 모델은 문화 변혁적 입장을 취하는 한국 개신교 진보주의적 교회들의 신학을, 접목 모델은 개신교 자유주의신학의 한 발전 형태로서 이른바 토착화 신학을, 합류 모델은 급진적인 한국 민중신학을 일컫는다. 여기서 한국의 문화적 토양 가운데 화육하지 못하고 전통 문화와 갈등과 충돌을 지속하고 있는 파종 모델은 사실상 '정복 모델'과 동일시되기에 일단 논외로 하면 나머지 세 가지 유형이 고유한 한국적 신학으로서 의의를 갖는다고 할 수 있다.

이 세 가지 신학 경향은 일단 유형상 구별되지만, 상

---

8 김경재, 『해석학과 종교신학』(천안: 한국신학연구소, 1994), 187-223.

호 영향을 주고받는 가운데 창조적인 한국 신학으로 수렴되는 경향을 보인다. 그 유형을 구별한 저자는 정작 선교신학으로서 접목 모델을 주목하고 있음에도 불구하고 각각의 유형에 대한 해석은 합류의 모델로 수렴되는 신학적 발전 궤도를 보여주고 있는 것으로 보인다.

기존의 토착화신학을 사실상 오리엔탈리즘[9]의 한계 안에 있는 선교신학으로 평가하며 창조적인 한국 신학의 형성에 관심을 기울인 이경재의 평가는 새로운 안목을 열어준다.[10] 이경재는 '복음'과 '상황'의 상호관계를 통해 한국 신학의 유형을 나누고 있는데 생생한 풍자적 비유를 통한 이름들이 흥미롭다.

이경재는 철저히 식민주의가 복음의 초월성을 입고 등장한 식민 담론의 내화요, 전형에 해당하는 보수주의 신학을 복음 지상주의적 상황 심판론으로서 '황소개구

---

9 오리엔탈리즘(Orientalism)은 에드워드 사이드가 제창한 개념으로 '서양의 시각에 투영된 동양', 정확히 말해 '동양에 대한 서양의 사고와 지배 방식'을 뜻한다. Edward Said/박홍규 옮김, 『오리엔탈리즘』 증보판 (서울: 교보문고, 2001).
10 이경재, 『해석학적 신학』 (서울: 다산글방, 2002), 191-225.

리 선교신학'이라 이른다. 이 신학은 복음 이외의 상황을 정당하게 다루지 않기에, 한국적 토착화신학의 시도로서는 논외가 된다. 비로소 상황을 정당하게 다룬 토착화신학은 복음주의적 번역론 곧 격의格義 신학으로서 '씨받이 선교신학'(윤성범), 복음주의적 성취론으로서 '데이트 선교신학'(유동식), 복음주의적 변형론으로서 '누룩 선교신학'(박봉배) 등으로 그 유형을 구별해 볼 수 있지만, 여전히 복음 우월주의적 이원론에서 전개되고 있는 선교신학으로서 성격을 유지하고 있다는 점에서 큰 차이는 없다.

이경재는 역사에 대한 반성과 신학의 틀에 대한 끊임없는 탈식민적 고뇌를 통해 그 한계를 뛰어넘어 창조적 한국 신학을 형성한 시도로서 변선환의 종교해방신학과 서남동의 민중신학을 주목한다. 이 두 창조적 신학은 우선 복음을 잠시 괄호 속에 넣고 상황을 주체로 하여 복음이 서서히 괄호를 풀고 어떻게 드러날 수 있는가를 살피는 신학으로서 공통점을 지니고 있는데, 변선환의 종교신학이 종교철학적이라면 서남동의 민중신학은 사회철학적이라는 점에서 구별된다. 변선환의 종교해방신학은 그 신학의 형성에 깊게 영향을 끼친 두 신학 조류 가운데 토착화신학이 종교성에는 강점이 있지만 비역사성을 지니고 있고, 민중신학이 역사성에는 강점이 있지만 종교성이 약한 것을 상보相補하려는 시도로서 의의를 지니고 있다. 그렇게 함으로써 종교성을 가진 정치적 해방신학을 형성하려는 것이다.[11]

그 종교해방신학의 형성에 큰 영향을 끼친 서남동의 민중신학은 '합류'의 개념을 통해 복음과 상황에 대한 혁명적 해석의 틀을 제시하는 데 그 독창성이 있다. 그것은 성서의 민중 전통을 한국사에서의 민중 전통과 동등하게 하나의 전거(참고서)로 삼는 신학적 틀의 재구성을 통해 이뤄졌다. 다시 말해 성서의 민중 전통과 한국 민중 전통이 합류하는 데서 일어나는 사건을 해방의 사건, 곧 하느님 나라의 현실화로 이해한 것이다. 그것은 역사적 상황 가운데서 일어나는 해방의 사건을 복음의 구현

---

[11] 그 시도로서 가장 주목할 만한 것으로는 변선환, "민중해방을 지향하는 민중불교와 민중신학 — 미륵신앙을 중심하여서," 변선환아키브 편, 『종교간 대화와 아시아신학』 변선환전집 1 (천안: 한국신학연구소, 1996), 332-388을 들 수 있을 것이다.

으로 본 점에서 이전의 모든 토착화신학의 시도를 넘어서는 독창적 성격을 지닌다.

3. 합류 모형이 갖는 신학적 독창성

이러한 이해는 신학의 구성 요소 내지는 신학의 근거(또는 규범)가 달라졌음을 보여준다. 전통적인 신학에 관한 정의, 곧 신학은 '신에 관한 학문'이라는 말의 의미를 일단 전적으로 수용하는 입장에서 볼 때 우리는 먼저 "그 '하느님'을 무슨 수로 이해할 것인가" 하는 문제에 직면한다.

이때 전통적 신학에서는 그 근거가 분명하였다. 여기에는 두 가지 전통이 있다. 하나는 개신교의 성서주의요, 또 다른 하나는 가톨릭의 전통주의다. '성서가 증언하는 하느님'(개신교), '교회의 거룩한 전통이 전하는 하느님'(가톨릭), 이것이 신학의 근거였다. 이러한 입장에 따르면, 성서와 교회의 역사를 통해 계시된 하느님의 뜻을 캐묻는 것이 신학의 임무인 셈이었다.

그러나 서남동이 말한 신학의 이해는 이와 다르다.

첫째, 하느님의 자기 계시의 장을 새롭게 이해하고 있다. 성서와 교회의 전통을 포함하는 그리스도교적 전통에 한국의 전통을 새롭게 추가하고 있다. 구체적 신앙 주체들이 속한 특정 집단의 전통을 추가하고 있다. 통상 민족 단위의 전통으로 간주될 수 있지만 또 다른 단위의 전통일 수도 있다.

둘째, 그 '전통'은 명확히 말하면 '민중 전통'이다. 역사적 현실 안에서 엄연한 갈등관계를 전제로 하여 민중의 시선에서 바라본다는 것을 뜻한다.

셋째, '전거典據'(point of reference, '참고 자료')라는 말을 사용함으로써 종래의 입장과 결정적 분기점을 형성하고 있다. 종래의 그리스도교적 입장에서는 성서든 전통이든 그것들은 일종의 규범과 같은 지위를 가졌다. 비록 성서 자체 혹은 교회 전통 자체가 규범이 아니고 그 속에 담긴 '하느님의 말씀'이 진정한 의미의 규범이라 하더라도, 바로 그러한 그리스도교의 전통을 통해서만 하느님의 말씀이 전해진다고 보았다는 점에서 그것들은 규범과 같은 지위를 누리는 것으로 인정되었다. 반면에 '전거'라는 말은 이 '규범'과는 다른 일종의 '참고 자료'라는 의미를 지닌다. 그리스도교의 전통은 한국의 민족사적 전통과 함께 하나의 참고 자료가 된다. 여기에서 진리를 판가름하는 기준은 과거의 전통이 아니라 현재 '하느님의 선교 활동', 곧 '실천' 가운데 현존하는 하느님이 된다.

이상의 차이점들을 종래의 입장과 관련하여 재음미해 보자.

첫째, 하느님의 자기 계시가 이루어지는 영역으로서 민족사적 전통을 추가한 것은 언뜻 보아 그리스도교적 정체성을 포기한 것처럼 보이나 이것은 결코 그리스도교의 정체성을 포기한 것이 아니다. 역사상 어떠한 그리스도교의 전통도 그 전통이 발생한 바로 그 역사의 현장과 유리되어 생성된 적이 없다. 사실 그리스도교의 전통이란 그때그때마다의 특수한 역사적 상황 속에서 하느님의 말씀이 구체화되면서 형성되었다. 성서 자체가 이미 특수한 역사적 상황의 산물이다. 하느님의 말씀이 이스라엘 민족의 역사적 상황 또는 서구 민족들의 역사적 상황과 결합된 것은 정당하고 한국 민족의 역사적 상황과 결합된 것은 부당하다는 논리는 성립되지 않는다. 하느님이 창조주이며, 역사의 주라면, 우리 민족의 역사 또한 하느님의 활동 무대에서 제외되지 않는다. 하느님은 한국 민족의 역사 가운데서 이미 활동하셨고, 지금도 활동하고 계신다. 이 점에서 한국의 전통을 새롭게 추가한 것은 그리스도교 정체성과 다른 어떤 이질적인 요소를 첨가한 것이 아니라 마땅히 인정해야 할 사실을 비로소 언급한 것일 뿐이다.

또한 이 '합류'는 비단 '두' 이야기의 합류로 한정되지 않는다. 서남동이 말하는 합류는 열린 구조이다.[12] 특정한 시공간에서의 주체들의 실천에 따른 선택적 수용으로 또 다른 '이야기'가 함께 합류할 수 있는 것이다.

둘째, 단순히 '전통'을 말하지 않고 '민중 전통'을 말한 것은 이 역사 속에서 활동하는 하느님에 대한 또 다른 표현 방식이다. 하느님의 뜻은 추상적으로 드러나지 않는다. 하느님은 서로 분열되어 있고 대립하고 있는 인간들의 역사 속에서 자신의 선택적 행위로 뜻을 이루어 간다. 하느님은 자신들이 가진 것을 누리며 만족해하는 사

---

12 강원돈, "죽재 신학의 주제와 방법," 『물의 신학』 (서울: 한울출판사, 1992), 42.

람들을 선택하지 않는다. 대신에 하느님은 늘 빼앗기고 짓눌려 살아왔기 때문에 어서 빨리 하느님의 뜻이 이루어지기를 간구하는 민중을 택하여 자신의 뜻을 이루어 갈 주체로 세운다. 출애굽 사건에서의 히브리 민중들, 예수의 선택받은 민중이 이를 입증해 준다. 다시 말해 이러한 인식은 이 세계가 적대적 세력들로 분열되어 있다는 것을 전제로 한다. 이 세계에서 억압받는 민중의 삶의 존재 조건은 민중으로 하여금 현실 세계를 정확하게 직시하게 한다. 그들은 우선 세계의 생성과 발전이 자신들의 구체적 노동을 통해서 이룩됨을 깨닫고 그들 자신이 역사 발전의 주체임을 자각한다. 뿐만 아니라, 모든 사물을 자신들로부터, 즉 '아래로부터 위로' 바라봄으로써 세계 현실에 관한 모든 이론에 관한 실천의 우위를 확실하게 자각한다. 더불어 적대적 세력들로 분열된 세계 현실에서 억압받고 빼앗긴 위치에 선 그들은 지배자들의 사이비 보편성을 간파한다. 그래서 그들은 지배자들의 사이비 보편성을 거부하고 자신들의 당파적 실천이 진정한 보편성의 계기가 된다는 것을 자각한다.

 결국 민중의 당파성이 지배계급의 당파성과 다른 점

은, 지배계급은 이러한 당파성을 인식하지 못하거나 사이비 보편성으로 둔갑시키는 데 반해, 억눌리고 빼앗기는 대중은 자기들의 당파성이 엄연한 당파성으로 존재하고 있으며, 이를 내적 계기로 삼는 운동의 결과로 참된 보편성이 실현된다는 것을 자각한 점에 있다. 즉, 민중의 해방을 위한 당파적 실천 속에 인간의 보편적 해방을 위한 참된 계기가 마련되어 있다는 것을 자각하고 있는 것이다. 민중신학은 이 점을 분명히 하고 있다.

셋째, 두 전통이 '실천' 속에 합류하고 있다는 통찰은 민중신학의 실천 이론적 성격을 분명히 해 준다. 더불어 이 통찰은 오늘 여기의 우리는 하느님의 말씀, 하느님의 뜻을 어떻게 깨달을 수 있는가 하는 점을 분명히 밝혀 준다. 전통이 의의를 지니는 것은 '오늘 여기에서의 우리'의 '실천' 때문이다. 이 실천 때문에 전통은 과거의 유산으로 머무는 것이 아니라 '오늘 여기'에 개입할 수 있게 된다. 더불어 이 실천으로 말미암아 별개로 존재해 왔던 전통들이 상호작용을 하여 소위 '지평융합'을 이루게 된다.

이와 같은 '실천' 개념을 중심으로 하는 서남동의 '합류'의 신학은 크게 보아 안병무가 말한 '사건'의 신학과 맥을 같이 한다. 본래 안병무의 '사건'의 개념은 실존주의 신학의 (신앙의) 사건을 재해석한 데서 비롯되었다. 실존주의 신학에서 사건은 시공간을 달리하는 하느님과 인간의 만남의 의미를 연결하는 개념으로 '관계성'을 함축하는 개념이다. 이때 사건은 실존적 만남을 강조하나 민중신학에서 재해석된 사건은 그 '관계성'의 함의를 역사적 지평으로 확대한다. 그러므로 이 사건은 역사적으로 주어진 그때그때마다의 '현장'을 전제한다. 서남동의 합류의 신학에서 이해된 실천 역시 마찬가지다. 민중신학은 그 사건의 현장, 실천의 현장을 '민중사건의 현장'이라 말한다. 이 현장은 앞서 말한 대로 적대적 세력들로 분열되어 있는 역사의 현장을 말한다.

성서의 예수 사건과 오늘의 민중사건을 동일한 구원 사건으로 인식한 안병무에게서 '두 이야기의 합류'는 이른바 '텍스트'와 '컨텍스트'의 관계로 해명된다. "물음이 대답을 결정한다"는 지론을 갖고 있는 안병무는 "컨텍스트와 텍스트를 둘로 갈라놓는 것은 잘못"이라고 본다. "우리가 역사 속에 속해 있으면서 역사를 객관화할 수 없듯이, 내가 나의 컨텍스트에서 텍스트를 읽을 때에도 컨텍스트나 텍스트를 객관화할 수 없다." "그 양자는 분리될 수 없는 하나의 현실"이다.13 '두 이야기'가 이미 합류되어 있다는 이야기다.

김용복의 '민중의 사회전기' 개념 역시 '두 이야기의 합류' 개념과 상통한다. "사회전기란 인간의 삶이 역사적 사회적 차원을 포함하여 통전적으로 엮어지는 이야기"로서, "민중의 사회전기는 전체적 역사 경험의 일부이다." 김용복은 이를 "신학의 역사적 틀"(historical point of reference)로 할 것을 제안하면서,14 민중신학의 방법론으로 제시한다.15 이는 '두 이야기의 합류' 개념을 통하여 서남동이 말한 신학의 전거典據와 동일한 위상을 갖는다.

이 역사의 현장에서 민중들이 일으키는 사건, 민중해방 실천을 신학적으로 성찰하는 것이 민중신학이다.

---

13 안병무, 『민중신학 이야기』(서울: 한국신학연구소, 1987), 69.
14 김용복, 『한국민중과 기독교』(서울: 형성사, 1981), 90.
15 김용복, 『지구화시대 민중의 사회전기』(천안: 한국신학연구소, 1998), 50.

그러기에 민중과 그들의 실천은 민중신학의 자료라는 소극적인 측면을 갖는 데 그치지 않고, 민중신학을 형성하는 구성적 계기가 된다.16 민중신학이 전통의 재해석에 머무르지 않고 민중의 삶을 싸고도는 현실에 대한 인식과 그 현실에서의 실천을 강조하며, 이를 위한 비판적 학문들과의 의사소통을 중요시하는 것은 이런 연유에서다. 이러한 노력은 실천 이론으로서 민중신학의 고유성을 형성하는 필수적 과정인 것이다.

4. 신학의 장(場)과 실천에 대한 새로운 이해

이상의 내용에서 우리는 민중신학의 임무가 무엇인지 사실상 밝힌 셈이다. 그러나 보다 분명히 그 과제를 밝힌다는 차원에서, 결론 삼아 민중신학에 의해 도달한 신학의 장과 실천의 의미를 재확인하려 한다.

우리는 민중신학이 위치하고 있는 '신학의 자리'가 '교회'나 신앙인 개인의 '실존'에 한정되지 않는다는 것

---

16 강원돈, 앞의 글, 36.

을 확인하였다. 그 신학의 자리는 '민중사건의 현장', '민중해방 실천의 현장'이다. '하느님의 선교'라는 말은 이를 뒷받침하는 신학적 개념이다.

그러나 이것은 민중신학이 그 장을 배타적으로 설정하여 교회나 개인 실존의 차원을 필연적으로 배제한다는 것을 뜻하지는 않는다. 사회적 관계의 차원이 교회나 개인 실존의 차원으로 환원될 수 없듯이, 교회나 개인의 실존 역시 전적으로 사회적 차원으로 곧바로 환원되지 않는다. 민중신학은 이 점을 인식하는 것 역시 중요한 과제로 삼는다. 민중신학이 일반 사회 이론으로 환원될 수 없는 것도 이와 관련되어 있다. 교회적 형태로 존재하든 개별적 혹은 또 다른 집단적 형태로 존재하든 '그리스도교의 전통'을 수용하고 이를 계승하는 분명한 실체(주체)가 존재한다는 점은 민중신학이 일반 사회 이론으로 환원될 수 없는 현실적 조건이다. 다만 민중신학이 '민중사건'을 신학의 주요 구성 요인으로 보고 그 현장을 중시하는 것은 교회나 개인 실존의 문제를 역사적 사회적 관계 안에서 볼 때 제대로 파악할 수 있다는 점을 강조하는 것으로 보면 좋을 것이다.

그러나 어쨌든 민중신학이 신학의 장을 새로이 이해하는 데 기여한 만큼 그 의의는 다시 한번 강조될 필요가 있다. 민중신학은 그리스도교 혹은 그리스도인을 향한 내적 과제를 수행할 뿐 아니라, 보편적인 민중해방 사건을 향한 과제를 수행한다. 이 점에서 민중신학은 그리스도교적 혹은 교회 내적 담론으로서 뿐 아니라, 보편적인 비판 담론으로서의 역할을 수행한다. 이때 민중신학은 보편적인 비판의 준거 역할을 할 수 있는 그리스도교적 가치에 입각하여 현실 세계에 대한 비판과 대안을 제시하는 것이다.

3강
계시의 하부구조

1. 다시 음미하는 '합류'의 해석학

'두 이야기의 합류' 개념은 민중신학의 고유한 방법을 함축하는 것으로 평가받고 있지만, 사실은 어쩌면 어떤 신학에서나 적용될 수 있는 성격을 지니고 있다. 굳이 말한다면 민중신학이 이를 명시적으로 표방하고 그 방법을 의식적으로 활용하는 데 독창성이 있다고 해야 할까? 그 점에서 그것은 허구를 타파하는 비판적 방법으로서도 의의를 지닌다.

사실 고정된 하나의 텍스트가 문자 그대로 진리일 수 없다는 사실은 장황한 해명을 필요로 하지 않는다. 어떤 의미의 생성은 텍스트와 독자 그리고 그 사이에 개재되는 다양한 요소 사이의 상호 작용 가운데 이루어진다는 것이 현대 비평학의 상식이다.[1] 그것은 성서의 형성 과정 자체가 증언하는 바이기도 하다. '하느님의 말씀'으로 인정될 만한 순수한 '성서적' 전승이라는 것이 따로 있어서 그것이 다른 전통들을 일방적으로 수용하는 가운데 성서가 형성된 것은 아니다. 성서 자체 안에 이미 다양한 전통들이 교차하고 있고 그 교차의 과정에서 어떤 전통의 맥을 형성하고 있다. 상대적으로 오랜 시간 계승되어, 다른 것들과 구분할 수 있는 전통이라 하더라도 그것이 그대로 고착되어 있을 수는 없다. 그것은 해석자 또는 계승자를 매개로 하여 다양한 전통과 교차하고 다시 그 내용과 형식을 새롭게 한다. 성서 자체가 그렇게 형성되었을 뿐 아니라, 그리스도교의 전통 자체가 그렇게 이어졌다. 문자로서 성서가 배타적 지위를 갖지 않는다는 사실은 성서 형성 그 자체 그리고 그리스

---

[1] 이에 관해서는 김진호, "탈정전적 성서읽기의 모색," 『반신학의 미소』 (서울: 삼인, 2001); 양권석, "한국적 성서읽기의 한 방법으로서 상호텍스트적 성서해석의 가능성," 제3시대그리스도교연구소 편, 『시대와 민중신학』 5(1998) 참조.

도교 신학의 역사 자체가 입증한다. 서남동의 민중신학은 그 사실을 비로소 명시적으로 이야기하고 있을 따름이다.

서남동은 그와 같은 해석을 스스로 일러 기독론적·통시적 해석과 구별되는 성령론적·공시적 해석이라 한다. 그리고 설명하기를, "기독론적 해석에서는 이미 주어진 종교적인 범주에 맞기 때문에 적합성이 주어지는 것이라 주장하고, 성령론적인 해석에서는 지금 현실의 경험과 맥락에 맞기 때문에 적합성이 주어지는 것이라고 주장한다"고 밝힌다.

기독론적 해석은 성서가 수미일관하게 예수 그리스도만을 전한다고 보는 해석 방식이다. 그러므로 기독론적 해석은 단일한 전제로 성서의 다양한 전승을 짜 맞추는 폐쇄적 해석 방식을 말한다. 반면 성령론적 해석이란 어떤 경계도 자유롭게 넘나드는 영의 활동을 강조한 개념으로 다양한 해석의 가능성을 열어두는 방식을 의미한다. "기독론적 해석에서는 나사렛 예수가 '나를 위해서', '나를 대신해서' 속죄한 것이지만 성령론적 해석에서는 내가 예수를 재연하는 것이고, 지금 예수 사건이

다시 발생하는 것으로 생각한다."[2] 통시적이라는 말은 과거 전통을 강조한다는 의미이며, 공시적이라는 말은 오늘 여기의 지평을 강조한다는 의미이다. 결국 해석의 적합성을 판별하는 기준은 "지금 현실의 경험과 맥락"이다. 이와 같은 기준은 문자적 전통이든 역사적 전통이든 그 자체로는 항구 불변한 진리로 통용될 수 없다는 사실을 가리킨다. 바꿔 말하면 "실천으로서 전통을 잇고, 발전시킨다."[3] '오늘 여기에서의 실천적 문제의식'이 전통의 수용 여부를 결정짓는다는 것을 말한다.

2. 계시의 하부구조와 반신학(反神學)

당대의 민중사건을 해석하고 증언하며 나아가 그 사건에의 동참을 지향하는 실천의 신학으로서 합류의 해석학은 보다 구체적인 매개 장치를 갖는다. 이른바 '계시의 하부구조'가 그것이다. 민중운동에 참여하는 그리

---

2 서남동, 『민중신학의 탐구』 개정증보판 (서울: 동연, 2018), 102.
3 서남동, 앞의 책, 52.

스도인의 실천을 통해 합류한다는 합류의 해석학은 '계시의 하부구조'에 대한 인식으로 더욱 구체성을 띤다.

두 이야기를 합류시키는 실천의 조건을 더욱 분명히 하기 위한 장치라고 할까? 전통적인 신학 개념으로 보면 전혀 어울릴 것 같지 않은 '계시의 하부구조'라는 말은 서남동 민중신학의 진면목을 밝혀 주는 주요 개념이다. 서남동은 평소 스스로 '크리스챤 맑시스트'라는 표현을 즐겨 사용하였다.[4] 시대적 정황 때문에 때때로 마르크스주의와 민중신학은 다르다는 점을 강조하기도 하였지만,[5] 그의 신학적 인식은 마르크스주의적 인식으로부터 크게 영향을 받았다는 점을 부인할 수 없다. 그는 오늘의 혁명·정치·해방의 신학이 마르크스주의의 도

---

[4] 장일조, "죽재를 위한 하나의 대화," 『전환기의 민중신학』(서울: 한국신학연구소, 1992). 장일조는 서남동이 스스로 '크리스챤 맑시스트'라고 밝히고 있음에도 불구하고 그의 신학이 마르크스주의적이라는 데 대해 동의하지 않는다. 반면에 강원돈은 서남동의 신학이 마르크스의 역사방법론을 중요한 장치로 하고 있는 점을 적극적으로 평가한다. 강원돈, "죽재 신학의 주제와 방법," 『物의 神學 — 실천과 유물론에 굳게 선 신학의 모색』(서울: 한울, 1992).

[5] 서남동, 앞의 책, 254-255.

전에서 촉발되었다는 사실을 인정하면서, 마르크스주의와의 대화와 경쟁으로 그리스도교가 잃었던 활력을 되찾아 민중의 종교로 복귀하려고 한다고 말한다.6 그가 신학에서는 생경한 '하부구조' 개념을 서슴없이 자신의 신학적 체계 안에 중심 개념 가운데 하나로 설정한 것부터 그 영향의 흔적이다. 단순히 용어를 차용하는 차원에서뿐만 아니라 그의 신학은 확실히 마르크스주의적 인식을 적극 수용한다.

서남동은 두 이야기의 합류 구조를 밝히는 방법론으로 "사회경제사적 내지 문학-사회학적 방법을 적용하자"고 제안한다. 그가 주장하는 내용을 들여다보면 매우 조심스럽게 용어들을 사용하고 있는 것을 볼 수 있는데, 그 횡간의 의도를 읽자면 그는 분명히 마르크스주의 역사 방법론을 유념하고 있다는 것을 알 수 있다. 그는 사회경제사적 방법 내지는 문학사회학적 방법을 제안하는 대목에서 "역사적 기독교와 공산주의의 대립을 넘어서는 교회사의 새 시대 경륜"을 말함으로써 그 속내를

---

6 서남동, 앞의 책, 25.

비치고 있다. 그는 "지배 세력에 대한 민중의 제약 조건들"을 분명히 밝히는 방법론으로 사회경제사적 방법을 그리고 그렇게 해서 "민중의 역사"가 밝혀지면 "민중의 사회전기, 민중의 집단적 영혼, 민중의 의식과 그들의 갈망들"을 밝혀내는 방법으로 문학사회학을 적용할 것을 말한다. 신학의 역사를 돌이켜 볼 때 각 시대마다 다양한 해석학의 틀을 사용해온 것을 알 수 있는데, 오늘 "자기 역사와 운명의 주체가 될 민중의 정체"를 포착하는 데 그와 같은 방법이 가장 효과적이라 보고 있다.[7]

서남동은 사실상 마르크스주의적 인식을 의미하는 '사회사적 해석' 내지는 '물질주의적 해석'[8]을 기존 신학의 전제들을 비판하고 분석하는 도구로 사용할 뿐 아니라 새로운 신학을 구성하는 하나의 인식론으로 삼는다. 그것은 "지배 세력에 대한 민중의 제약 조건"을 밝힘과 아울러 "역사와 운명의 주체가 될 민중의 정체"를 포착하겠다는 데서 드러난 의도이다. 그래서 서남동은 신의

---

[7] 서남동, 앞의 책, 60-61.
[8] 서남동, 앞의 책, 486.

'계시' 자체가 물질적 하부구조를 갖고 있다고 주장하며 "계시의 하부구조"라는 개념을 창안한다.[9]

이 개념은 서남동이 마르크스주의의 유물론적 인식을 얼마나 비중 있게 받아들이고 있는지를 분명히 보여준다. 이 개념을 통해 그가 말하고자 하는 것은 신학에서 말하는 신의 계시는 역사적 사건을 통해 표현된다는 점이다. 그러므로 신의 계시는 '사회과학적' 연구의 대상이 되어야 하고, 그런 의미에서 계시는 '물질적 계시'라고 본 것이다. 더 구체적으로 말하면 신의 선택을 받은 '가난한 사람' 곧 민중은 단순히 계시의 매체가 아니라 계시의 구성적 요인이라고 보았다. 이러한 착상에서 시작하여 서남동은 "하부구조(몸)에서 유리된 상부구조(이념)만의 전통적 신학"은 "유령이요 아편"이라고 단정지었다.[10] 여기에서 서남동은 확실히 마르크스(Karl Marx)의 종교 비판 이후의 신학의 가능성을 제시하고 있음을 알 수 있다.

---

[9] 서남동, 앞의 책, 486-487.
[10] 서남동, 앞의 책, 487.

시대적 제약 탓에 '사회사적 해석'이니 '사회과학적'이니 또는 '물질주의적 해석'이니 하는 표현들을 사용하고 있지만 그가 유념하고 있는 것은 마르크스의 유물론적 인식이다. 서남동은 신학을 "한 시대의 사상이나 사상을 바탕으로 한 것은 단순히 유행이란 의미에서가 아니라, 그 시대 사람들이 무엇을 생각하고 있느냐 하는 관심의 반영"[11]이라고 한 적이 있는데, '성실하게 신학하는 사람'으로서 '그 시대의 언어와 사상의 틀'로서 마르크스주의적 인식을 수용하고 있다고 할 것이다. 따라서 마르크스의 종교 비판 이후의 신학이란 마르크스주의에 대립하는 반명제로서의 신학이 아니라 마르크스주의적 인식을 바탕으로 한 새로운 신학을 의미한다. 그 신학은 거꾸로 전통적 신학에서 이탈하여 그에 대립하는 신학으로서 성격을 분명히 갖고 있다. 그래서 서남동은 인식론적으로 구별되며 진술 방법상[12]으로 구별되는

---

11 서남동, 앞의 책, 210.
12 민중신학은 인식론적 의미에서 신학의 혁명적 전환을 의미하지만 그 진술 방법의 전환에서도 각별한 의의를 지닌다. 이른바 '이야기 신학'으로서의 민중신학이다. 이와 관련한 상세한 논의는 이정희, "민중의 언어 없이

그 신학을 '탈脫신학', '반反신학'이라 이름 붙인다.

> 전통적 신학이 초월적·연역적이라면 이야기 신학은 귀납적 신학, 아니 반(反)신학이다. 뿐만 아니라 전통적 신학은 '지배의 신학'이다. 곧 지배(통치)의 이데올로기에 편입, 흡수되어서 지배질서를 정당화해주고 그것을 축복하는 기능을 수행한다. … 도대체 '신학'이라는 것이 성서적인 계시 이후에 생겨진 사상체계로서 그리스도교 신학체계가 발생한 사회학적인 '삶의 자리'는 고대 노예제사회인 그리스와 로마 사회다. 자유시민과 노예, 초월과 천속(賤俗), 물질과 정신의 형이상학적 이원론, 사회적 이중구조가 그 신학이 발생한 모태며 그렇게 유전적으로 구조적으로 생겨진 것이다. 그렇기에 그것은 '지배의 신학'이다. … 본래 성서적 계시의 삶의 자리는 노예제 사회에서 탈출한 가나안과 갈릴리 민중들-그들의 이야기다. 그것은 신학이 아니라 이야기며 그런 의미에서 반신학이다. 통치이데올로기와 지배체제와 그 문화를 비판하고 시정하려는 민중의 이야기는 반신학이다.13

민중의 시대는 오지 아니한다," 「신학사상」 81(1993, 여름).

'두 이야기의 합류' 구상 그리고 '계시의 하부구조'에 대한 천착이 시사하듯, 반신학은 전통적 신학과의 절연하면서 전혀 새로운 신학적 성격을 지향한다. 진리를 독점한 '천상의 언어'로서의 신학의 성격은 기각되고, 그 신학은 이제 낮은 자리에 내려와 사람들에게 말을 거는 '지상의 언어'로 탈바꿈한다. 땅의 사람들이 알아들을 수 있는 언어로서 신학이 탄생한 것이다. 그래서 신학은 이제 전통적인 형이상학보다는 인간학 또는 사회과학과의 대화를 중요시하게 되었다. 서남동이 자신의 민중신학 방법론을 '사회경제사적 해석' 또는 '문학사회학적 해석'이라고 한 것은 이 사실을 시사한다. 이런 의미에서 민중신학은 신학 안에서 학제적 연구의 모형을 제시해준다. 실제로 민중신학은 1970년대 이래 한국 사회의 다양한 민중 담론들과의 대화 속에서 형성되었다.

그러한 신학을 서남동이 신학적 개념으로는 '성령론적 해석'이라 한 것도 의미심장하다. 그렇게 소통을 지향하는 민중신학은 신약성서에 나오는 '성령 사건'을 연

---

13 서남동, 앞의 책, 390-391.

상시킨다(사도 2장). 여기서 말하는 '성령 사건'이란 초자연적 현상이 아니라 '언어 사건', 더 정확하게는 '의사소통 사건'이다. 그것은 갈릴리 민중들의 언어를 각기 다른 언어를 사용하는 사람들도 다 알아듣게 되었다는 데 초점이 있다. 그것은 구약성서 바벨탑 이야기(창세 11장)가 뜻하는 것과 정반대의 의미를 지닌다. 단일한 언어를 강요하며 오로지 저 높은 곳만을 지향하는 욕망이 의사소통 장애와 분열을 낳은 것과는 정반대로 지배체제에서 내쫓긴 민중의 언어가 서로 다른 사람들 사이의 장벽을 넘어 소통 가능하게 한 사건을 일으켰다. 여기에서 성령은 한마디로 소통의 능력을 의미한다. 서남동의 민중신학이 스스로 명명했듯이 성령의 해석학으로 불리는 것은 그만한 이유가 있는 것이다. 그것은 지배체제가 민중들에게 뒤집어씌운 갖가지 굴레를 벗겨내고 민중 스스로 자신의 언어를 되찾고 그 언어로 다른 사람들과 대화하는 민중해방의 사건을 기점으로 형성된 민중신학의 또 다른 이름이다.

3. 물과 계급에 대한 인식의 혁명

서남동과 함께 민중신학의 또 다른 정초자인 안병무에게서도 마르크스주의의 영향은 미묘하기는 하지만 결코 무관한 것은 아니었다. 그가 "물과 계급에 대한 인식의 혁명"[14]을 말함으로써 마르크스주의적 인식의 유의성을 직접적으로 언명한 것은 1980년대 초반 학생운동과 민중운동의 격랑을 거친 1980년대 중반 이후의 일이었다. 그러나 성서학자로서 성서에 대한 사회학적 내지는 사회사적 연구 방법론을 적용한 것[15]은 그 전부터 마르크스주의적 방법론의 수용 가능성에 열려 있었다는 것을 보여준다. 물론 성서에 대한 사회학적 내지는 사회사적 해석이 곧바로 마르크스주의의 유물론적 인식을 뜻하는 것은 아니다. 종교적 신념과 사회적 조건 사이의 상호관계에 관한 연구의 선구자로는 막스 베버

---

14 안병무, "한국적 그리스도인상의 모색," 『역사 앞에 민중과 더불어』 (서울: 한길사, 1986).
15 안병무 편, 『사회학적 성서해석』 (서울: 한국신학연구소, 1983) 등.

Max Weber가 꼽히고 있고, 신학 특히 성서학에서는 그의 방법론이 널리 수용되었다. 그러므로 성서에 대한 사회학적 연구는 많은 경우 막스 베버의 종교사회학의 영향하에 있었다. 그러나 성서 연구에서 '신학적' 해석의 차원만이 아닌 '사회학적' 해석의 차원의 수용은 또 다른 입장의 사회학의 수용 가능성으로 연결되었다고 할 수 있다. 유럽에서 진행된 성서에 대한 유물론적 해석은 그 새로운 가능성이었다. 안병무가 유물론적 해석을 지향했다고 할 수는 없다. 하지만 민중사건 안에서의 예수와 민중의 동일시를 말했던 안병무의 민중신학에서 지배세력과 대별되는 민중의 정체를 인식하는 문제는 중요한 과제 가운데 하나였다. 서남동이 말했던 "계시의 하부구조"로서 민중사건을 중심에 두고 있었다는 점에서, 그가 지향했던 사회사적 해석은 마르크스주의적 방법론과의 친화성을 은연중 내포하고 있었다고 할 것이다. 민중을 옭아매는 '죄'의 실체를 사회 구조악으로 인식하고, 동시에 자본주의 현실에 대해 비판적 입장을 취했던 신학적 입장[16]도 은연중 그 친화성을 시사한다. 서남동과 같이 마르크스주의 수용을 분명하게 말하지는 않았지만 시대정신의 영향을 받고 있었고, 그 결과 비로소 "물과 계급에 대한 인식의 혁명"을 말함으로써 그 유용성을 인정한 것이다.

민중신학이 영향을 받거나 또는 명시적으로 수용했던 그 마르크스주의적 방법론을 마르크스주의의 입장에서 보면 과연 '마르크스주의'라고 할 수 있을지 의문을 제기할 수 있는 여지는 있다. 그러나 민중신학, 특히 서남동의 민중신학은 그의 신학적 인식의 중요한 부분이 상당 부분 마르크스주의로부터 영감을 받았다는 사실을 인정하고 있다. 그리고 그러한 태도는 결국 "역사의 주체는 민중"이라는 민중신학의 중요한 명제를 더욱 분명히 함과 아울러 민중사건의 신학적 의미를 분명히 하는 것으로 귀결되었다. 서남동은 민중에 대해 말하기를, "땅을 정복하고 생활 가치를 생산하고 세계를 변혁시키며 역사를 추진해온 실질적 주체이면서도 지배권력으로부터 소외·억압되어 천민·죄인으로 전락"했지만, "역사의 발전에 따라서 자기의 외화물外化物인 권력을 원

---

16 안병무, "죄와 체제," 『민중신학 이야기』 (서울: 한국신학연구소, 1987) 등.

자리로 돌리고 하느님의 공의 회복을 주체적으로 이끌어서 그로써 구원을 성취하도록 되었다"고 했다.17 이와 같은 입장은 가난한 사람들의 소외의 표현으로서 종교에 대한 이해를 새롭게 해 준다. 민중의 소외 현상으로서 종교가 아니라 민중의 역사 주체성의 회복으로서 종교를 말함으로써, 민중신학이 마르크스의 종교 비판 이후의 신학이라는 것을 확실하게 보여준다. 그와 같은 민중신학은 마르크스주의와의 경쟁적 대결의 결과인 것만은 아니다. 그것은 마르크스의 종교 비판의 진의를 충분히 헤아림과 동시에 마르크스의 현실 인식 방법을 진지하게 수용한 결과이다.

4. 정치경제학적 현실 분석과 신학적 성찰의 결합

역사 주체로서 민중의 해방을 추구하는 민중신학과 마르크스주의의 관계 모색은 1980년대 학생운동과 민중운동의 폭발적인 성장과 함께 새로운 전기를 맞이한

---

17 서남동, 앞의 책, 58.

다. 광주민중항쟁 이후 급성장한 학생운동과 민중운동은 여러 가지 면에서 이전의 운동 양상과는 구별되었다. 그 가운데 두드러진 현상으로 조직적 발전 양상과 함께 과학적 인식의 대두였다. 운동의 조직화는 전체 운동과 부문 운동의 관계 정립을 요구하였고, 운동의 과학화는 새로운 현실 인식과 이념적 선택을 요구하였다. 바로 그러한 두 가지의 요구에 부응하여 마르크스주의의 수용이 이뤄졌다. 그와 같은 시대적 상황에서 등장한 것이 강원돈의 "물(物)의 신학"[18]이었으며, 이른바 2세대 민중신학이었다.

물의 신학은 1980년대 민중운동이 전개되고 그 운동에 참여하는 그리스도인들이 참여하고 있는 현실에서 그리스도교 신학의 한 대안이었다. 그것은 전체 민중운동의 일부분으로 참여하고 있는 그리스도교 운동이 민중운동의 사상적 통일에 이바지하고, 또한 그것을 표

---

18 '물의 신학'을 처음으로 제기한 "신학하는 방법의 새로운 모색 — 운동하는 전체로서의 현실에 대한 신학적 인식과 실천"(1986) 및 본격적으로 개진한 "물의 신학 — 물질적 세계관과 신앙의 한 종합"(1988) 등을 포함하고 있는, 강원돈, 앞의 책 참조.

현하는 신학적 내용의 형식을 확립해야 하는 필요성을 분명히 인식하였다.[19] 그래서 그 신학은 "정치경제학적 현실 분석과 신학적 성찰의 결합을 방법론적 기축으로 삼은 해석학의 일반 이론"으로서 자기 성격을 표방했다.[20] 물의 신학은 이전의 민중신학이 사회 현실을 분석하고 기존 그리스도교를 비판하는 데 자극을 주었던 마르크스주의적 방법을 본격적으로 수용하였다. 나아가 마르크스의 종교 비판 이후의 그리스도교 신학을 건설하려는 목적을 분명히 하는 가운데 유물론적 세계관을 정면으로 대면하면서 그리스도교 신앙과의 종합을 시도하였다. 이때 "하느님이 육신(sarx)이 되었다"는 그리스도교 신앙의 핵으로서 성육신론成肉身論은 유물론적 세계관과 그리스도교 신앙의 종합을 가능하게 하는 근거가 되었다.[21] 여기서 성육신론은 예수운동을 함축한 것이고, "역사적으로 구체적인" 그때그때의 사회에서 물

---

19 강원돈, 앞의 책, 180.
20 강원돈, 앞의 책, 57 이하.
21 강원돈, 앞의 책, 57 이하.

질적 관계들 안에서 또한 물질적 관계들을 매개하여 전개된 하느님의 운동을 총괄하고 있는 그리스도교 신앙의 원점이며, 또한 창조론을 재해석할 수 있게 하고 하느님 나라 대망으로 압축되는 종말론의 새로운 해석을 이룩하게 하는 관점으로 이해되었다.

물의 신학은 1980년대 급박한 시대적 요청에 부응한 신학적 성찰로서 성격을 지니고 있었고, 당시 민중운동의 이론 진영에서 중요한 관심사가 되었던 마르크스주의적 방법론과 세계관을 그리스도교 신학의 입장에서 전면적으로 다루고자 하는 시도로서 의의를 지니고 있었다.

이전의 민중신학자들은 일종의 이데올로기적 '강박' 상태에서, 마르크스주의로부터 일정한 영향을 사실상 인정하면서도 마르크스주의 자체를 비판하는 경향을 띠었다. 반면에 강원돈은 그 '강박'에서 자유로운 입장을 취하여 적극적으로 마르크스의 비판적 방법을 신학의 내적 논리에 수용하고자 하였다. 물의 신학이 그렇게 적극적 입장을 표방한 것은 당시 민중운동도 일정 정도 공유할 수밖에 없었던 현실 사회주의 국가의 이데올로기가 되어 버린 '유물론적 존재론'과는 구별되는 '실천적 유물론'을 전제하였기 때문이었다.[22] 물의 신학은 당대의 운동 현실에서 다급하게 수용된 마르크스주의의 한 경향을 주의 깊게 성찰하면서 마르크스주의 본래의 비판적 방법을 회복하고자 했다. 물의 신학은 그 나름의 신학적 입장을 확보하면서도 사회 현실에 대한 비판적 분석을 기초로 하고 있다.

이 점에서 물의 신학으로 대표되는 2세대 민중신학은 1세대 민중신학의 핵심을 당대의 상황에서 더욱 철저화하였다. 예수와 민중을 동일시하고, 신학의 하부구조를 말했던 민중신학의 핵심은 실천적 유물론과의 결합을 통해 물의 신학으로 재현되었고, 그것은 1980년대 민중운동에 참여하는 그리스도교 운동의 주체들에게 분명한 하나의 신학적 대안으로 몫을 감당하였다.

---

22 강원돈에 의하면, '유물론적 존재론'과 '실천적 유물론'의 구획선은 의식과 존재의 매개·통합 문제에 접근하는 관점과 방식의 차이에 있다. 마르크스가 표방한 '실천적 유물론'은, 인간과 대상의 세계를 결합시키는 것은 대상에 대한 인간의 감성적이고 물질적인 활동으로서 노동이라고 본다. 마르크스에게서는 노동과 무관하게 사물의 본질이나 실체를 묻는 것은 무의미한 것으로 간주되고 있다고 본 것이다. 강원돈, 앞의 책, 193 이하.

5. 천상의 언어에서 지상의 언어로

민중신학은 신학을 '천상의 언어'에서 '지상의 언어'로 탈바꿈시키고 지상의 인간의 의사소통을 가능케 하였다. 그러나 그것이 '초월'의 차원을 포기했다는 것을 뜻하지는 않는다. 서남동은 "신의 초월을 형이상학적인 영역으로부터 미래의 초월로 환원한다"고 밝힌다.[23] 여기서 그가 '환원한다'고 한 데에는 나름대로 이유가 있다. 그것은 애초 민중의 종교였던 원시 그리스도교의 종말론을 회복한다는 의미를 지닌다. 구약 시대의 예언자들에게서 출발하여 후기 유대교에서 발전하고 예수에게까지 이어졌던 종말 사상은 "새 질서를 기다리는 혁명적 사상"이었으며, 그것은 원시 그리스도교에서 다시 예수 재림에 대한 기대로 이어졌다. 그런데 서남동은 이 종말 사상이 그리스도교 역사에서 두 가지 형태로 정형화되었다는 점을 주목한다. "역사의 궁극적인 종말인 '신국神國'과 준궁극적인 '천년왕국'으로 정형화"되었다는

---

23 서남동, 앞의 책, 25.

것이다.[24] 그렇게 분리 정형화된 신국과 천년왕국은 각기 다른 신앙을 표상하게 된다.

> 신국은 보다 더 개인적·내면적인 신앙내용이고, 천년왕국은 보다 더 사회적·외면적인 신앙내용이다. 그렇기에 교회사에 있어서 혁명신앙의 동력이 된 것은 신국 상징이 아니라 당연히 천년왕국 상징이었다. … 신학에서 역사의 준궁극적인 종말인 천년왕국의 사회적 극이 탈락된 채로 역사의 궁극적인 종말인 신국의 개인적·내면적인 극(極)만이 논의될 때 종말신앙이 지니고 있는 혁명적인 활력은 거세되고 만다.[25]

서남동이 신의 초월을 "미래의 초월로 환원"한다고 한 것은, 크게 보면 종말론 신앙의 회복을 말하며 더 구체적으로는 천년왕국운동의 혁명적 성격을 계승한다는 뜻을 지닌다. 바로 이 점에서 계시의 하부구조를 강조한

---

24 서남동, 앞의 책, 20.
25 서남동, 앞의 책, 21.

서남동의 민중신학은 계속되는 일관성을 지닌다. 그러나 서남동은 궁극적 차원을 의미하는 신국 표상을 폐기하지는 않는다. 그리스도교의 역사에서 종말론적 성격을 상실한 신국 표상을 거부할 뿐, 본래 종말론적 지평에서 궁극적 차원의 의미를 지닌 신국 표상을 회복하려고 한다. 서남동은 민중신학과 일반 민중사관이 어떤 점에서 다른 것이냐, 또는 민중신학에서 말하는 구원과 일반 사회혁명이 어떤 점에서 다른 것이냐 하는 의문에 대해 신국(하느님 나라)과 천년왕국(메시아 왕국)의 관계 문제로 이에 대한 답변을 시도한다.

자본주의 체제이든, 사회주의 체제이든 그 어떤 체제도 '하느님의 나라'에 대해서는 동거리라고 생각합니다. … 그러나 '메시아 왕국'을 기점으로 한다면 사회경제사적인 관점에서 보면 사회주의적인 체제가 다소 가깝다고 할 수 있겠지요. 그래서 일반적인 관점에서 보면 '민주사회주의'를 가장 이상적인 모형이라고 생각하는 경향이 있는데 여기라고 문제가 없는 것은 아니죠. 그것을 교조화시킬 수는 없으니까요.[26]

서남동의 민중신학이 계시의 하부구조를 말한 것은 초월의 지평을 유폐시키기 위한 것이 아니다. 민중이 자기 스스로를 해방시켜 나가는 그 초월적 능력을 구체적인 역사적 계기를 통해 인식해야 할 필요성에서 주목한 것이다. 순간순간 단절의 마디를 지닌 그 역사적 계기를 제대로 인식하지 않았을 때, 어느 순간 특정한 역사적 성취가 절대화하는 것을 보아 왔기 때문이다. 진리를 독점한 듯이 도그마를 강요했던 그리스도교 신학의 역사가 그것을 보여주었다. 프란시스 후쿠야마^{Francis Fukuyama}가 말했던 것과 같은 역사의 완성 또한 그와 동일한 오류를 보여 준다. 그러므로 계시의 하부구조는 초월의 지평을 유폐시키는 장치가 아니라 오히려 진정한 초월의 조건과 가능성을 분명하게 인식하게 해주는 장치인 셈이다.

---

26 서남동, 앞의 책, 253.

민중신학의 내용

4강

하늘도 땅도 공(公)이다

1. "하늘도 땅도 공이다"

"하늘도 땅도 공公이다." 한국 민중운동이 절정기에 이를 무렵인 1986년 여름 안병무는 흥미로운 이 글을 발표하였다.[1] 이 글은 당시 시대를 향한 매우 강렬한 메시지를 선포하고 있거니와 여기에 등장한 '공公'은 이후 안병무의 민중신학에서 핵심적 개념으로 자리하게 된다.

오늘의 상황에서도 그 통찰이 퇴색하지 않은 것은

---

[1] 안병무, "하늘도 땅도 공이다," 「신학사상」 53(1986, 여름).

그 통찰이 겨냥했던 것과 다르지 않은 문제를 오늘 우리 사회가 안고 있기 때문일 것이다. 40여 년 전 '제3세계'로 인식되던 당시의 문제점을 '선진국'이 된 오늘날까지 안고 있다는 것이 말이 될까? 1987년 민주화항쟁으로 정치적 민주화를 이루는 등 확실한 변화가 있었던 것은 분명하지만, 경제적 불평등과 사회적 차별 현상은 오히려 심각해졌다. 게다가 2022년 철 지난 날것의 신자유주의 정책을 다시 내세우는 퇴행적 정부의 등장으로 2016~2017년의 촛불 염원을 무색하게 하는 상황은 그 경제적 불평등과 사회적 차별의 극복을 난망하게 하고 있다. 급격히 진전된 자본주의적 산업화의 극단적 폐해를 안고 있는 한국 사회의 현실에서 그 통찰은 오히려 큰 울림이 되고 있다.

"하늘도 땅도 공이다." 매우 함축적인 통찰을 담고 있는 신학적 수상으로서 이 글의 요체는 간결하다. 성서 창세기의 낙원 이야기에 근거하여 실낙원의 현실을 되비추고 있는 이 글은 성서가 그리고 있는 낙원의 모습을 '인간 삶의 한 가능성'에 관한 이야기로 해석한다. 그것이 단지 과거에 대한 회고적 이야기가 아니라 인간의 역사가 추구해야 할 목적을 일러주는 이야기로 본 것이다. '하느님, 인간, 자연이 혼연일체'가 되는 현실로서 낙원의 모습에서 안병무는 세 가지 초점을 주목한다.

첫째 초점은 땅의 가능성을 도와 경작하며 자연과의 조화를 이룸으로써 하느님의 역사 창조에 동참하는 것으로서 인간의 노동의 의미이다. 이에 대한 강조는 이원론적 세계관에 따라 계급 분화의 현실을 정당화하여 물질적 세계 안에서 노동의 의미를 변질시킨 세계에 대한 통찰로서 의미를 지닌다. 다시 말해 창조적 행위로서 즐거워야 할 노동이 강제되고 그 결과마저 불공평하게 분배되는 세계의 현실은 창조 질서에 부합할 수 없다는 것을 말한다.

둘째 초점은 양성 간의 공평한 동반자적 관계를 이룸으로써 생육하고 번성하여 하느님의 역사 창조에 동참하는 인간의 사명에 대한 환기이다. 이것은 피차간 자주적인 인격으로서 관계를 형성해야 할 양성 관계가 남성 위주로 타락한 현실을 꼬집는다. 그렇게 왜곡된 관계 안에서 애초 창조적 행위여야 할 성性마저도 일방적으로 남성에 의해 전유되고 말았다.

셋째 초점은 금단의 열매는 선택할 수 있는 인간의 자율성을 상징하는 동시에 사유화될 수 없는 공을 상징한다는 것이다. 역사적 존재로서 인간은 타인들과 더불어 삶을 영위할 수밖에 없는데, 타자 때문에 자신을 제한할 수 있는 한계를 지킬 때 진정한 의미의 자율적 존재로서 인간의 삶이 가능해지며 공적인 질서가 유지될 수 있다는 것을 금단의 열매 이야기가 함축하고 있다는 것이다. 이 대목에 이르러 공公의 의미는 확연하게 드러난다.

요컨대 하느님의 창조 행위에 동참하는 인간은 바로 그러한 의미에서 창조성과 가능성을 지닌 존재이지만, 다른 존재들과 더불어 사는 인간은 더불어 사는 조건을 형성하는 공의 질서를 유지할 때 비로소 모든 인간의 그 창조성과 가능성을 구현할 수 있다. 여기서 '공公'은 인간이 주어진 조건 안에서 인간답게 살아갈 수 있도록 보장하는 일체의 관계를 규율하는 규범적 표상이 된다. "하늘도 땅도 공이다." 이 말은 그 진실을 선명하게 선포하고 있다.

2. '공' 개념의 역사적 맥락

안병무가 '공公'을 민중신학적 사유의 한 중심으로 삼고 그것을 바탕으로 한 주장을 본격적으로 펼치게 된 것은 1980년대 한국 민중운동의 현실에서이다. 안병무는 당대의 민중운동을 공을 사유화함으로써 빚어진 권력의 독점과 물질의 독점으로 피폐해진 삶의 현장에서 공의 회복을 위하여 나아가는 도도한 장정이라고 보았다.

나를 그동안 지배했던 것은 크게 두 가지이다. 하나는 이 엄청난 민중사건을 어떻게 소화하느냐 하는 것이고 또 하나는 자본주의 체제를 '국시'라도 되듯이 굳혀가는 마당에서 일어나는 모순과 갈등을 어떻게 헤쳐 나가야 하느냐 하는 문제였다. 그것은 민족통일이라는 민중적 염원과도 깊은 관계가 있다. 그러한 생각에서 나온 것이 '공'(公)이라는 사상이다. 우리 민중은 '公'을 사유화한 것과 싸우고 있다. 그것이 독점세력과의 투쟁이다. 공을 사유화하는 과정에서 온갖 비리가 발생하고, 그것을 지키기 위해 온갖 폭압이 자행된다.[2]

'공' 사상을 착안한 일차적 동기가 1980년대 한국 사회 안에서의 독점적 체제에 대항하는 민중운동에 있었음을 밝힌 것이다. 특별히 반자본주의적 대안을 지향한 당시 민중운동의 전망은 '공' 사상을 착안하는 데 큰 자극이 되었음에 틀림 없다. 잘 알려져 있다시피 1980년대 민중운동은 1970년대 반독재 민주화운동의 수준을 넘어 한국 사회의 근본적 변혁을 지향하고 있었고, 그러한 맥락에서 1980년대 중반에는 한국 자본주의를 규명하려는 '사회구성체 논쟁'이 뜨겁게 펼쳐지고 있었다. '공' 사상은 그로부터 상당한 자극을 받았다는 것을 알 수 있다.

그러나 사실 안병무의 '공' 사상의 착상은 그보다 오랜 기원을 갖고 있다. 일찍이 1967년 숭실대 강연문 "한국 사회와 기독교 대학의 방향"에서 '공公 사상의 실질적 확립'을 강조한 바 있다.3 그 내용은 주로 땅에 대한 공

---

2 안병무, 『민중사건 속의 그리스도』 (서울: 한국신학연구소, 1989), 7.
3 안병무, "한국 사회와 기독교 대학의 방향," 『한국 민족운동과 통일』 (서울: 한국신학연구소, 2001), 221 이하.

개념을 중심으로 한 것으로, 그 주장이 그리스도교 대학의 방향을 모색하는 맥락에서 펼쳐졌다는 점에서 교육의 공공성의 근거로서 공을 말한 것으로 이해된다. 안병무가 민중신학을 본격적으로 펼치기 훨씬 이전부터 공에 대한 착상을 갖고 있었다는 것은 그의 신학적 근본 동기의 일관성을 보여주는 것이라 할 수 있을 것이다. 물론 그 착상은 바로 앞에서 확인한 바와 같이 1980년대 민중운동의 현실에서 불꽃처럼 피어났으며, 안병무의 민중신학이 만개했을 때 그 중심 개념으로 자리하게 되었다.

안병무가 '공公' 사상을 본격적으로 제기한 1986년 전후 시기는 한국 민중운동의 최고 절정기로서 그 거시적 상황이 안병무의 민중신학적 사유를 더욱 깊게 한 것이 분명하다. 이 시기에 안병무는 청년-학생운동 및 민중운동에 투신하고 있거나 밀착되어 있는 후학들과 깊은 대화를 나눌 기회를 빈번히 가졌고, 그 대화는 그 즈음 그의 민중신학적 사유에 깊은 영향을 끼쳤다. "하늘도 땅도 공이다"는 물론이거니와 바로 그 직전에 한국 그리스도교의 "물物과 계급에 대한 인식의 혁명"을 역설했던 "한국적 그리스도인상의 모색"(「신학사상」 52[1986, 봄]) 그리고 후학들과 대화를 통해 완성된 대표작『민중신학 이야기』가 그런 과정에서 탄생했고, 한신대 퇴임 강연 "민중운동과 민중신학"(1987), "예수운동과 物"(1988) 그리고『갈릴래아의 예수』(1990) 등은 그즈음 안병무의 민중신학 경향을 잘 드러내 주는 대표작에 해당한다.

3. '공' 개념의 민중신학적 심화

1986년 여름 "하늘도 땅도 공이다"라는 신학적 수상을 발표한 이후 안병무는 일관되게 공의 개념을 심화시키고 발전시킨다. '텍스트'와 '컨텍스트'를 분리될 수 없는 하나의 현실이라고 봤던[4] 안병무는 그에 대한 성서적 전거를 더욱 탄탄히 하는 가운데 성서의 민중 전통에서 공의 의미를 역설한다. 안병무에게서 공은 하느님 나라의 실제를 역사화하는 의의를 지니는 것이었다.

1987년에 간행된 대화록『민중신학 이야기』에서 이

---

4 안병무,『민중신학 이야기』(서울: 한국신학연구소, 1987), 69.

렇게 밝혔다.

> 하느님 나라가 실제로 뭐냐? 그것은 公을 公으로 돌리는 것이다. 사유화하지 않는 것이다. 정치나 경제나 모든 걸 포함해서 사유화함으로써 분열되고 찢겨진 그것을 다시 공으로 돌리는 일은 하느님 나라의 성취와 불가분의 관계에 있다 그거예요. 하느님 나라를 자꾸 정신화해버려서 피안적이고 관념화된 그런 하느님 나라는 민중의 입장에서는 있을 필요도 없어요. "公은 公으로 돌려라" 하는 말은 하느님의 것은 하느님께 돌리라는 말인데, 이것은 결국 민중의 언어로 바꾸면, 다 빼앗긴 사람들, 밭 한 뙈기 없이 거덜난 사람들에게 자기 것을 되돌려 주는 것입니다. 생산의 주체인 노동자, 농민에게 그 생산한 몫을 정당하게 돌려주는 것이예요. 이렇게 잃어버린 제 것을 도로 찾는 운동만큼 하느님 나라를 의식할 수 있는 구체적인 건 없다고 생각해요. 어쨌든 하느님 나라의 실현이란 '公은 公으로', 곧 사유했던 것을 다시 참 주인에게 돌려주는 것과 떼려야 뗄 수 없는 것입니다.5

---

5 안병무, 앞의 책, 246.

하느님 나라의 실제가 공을 공으로 돌리는 데 있다는 것은 하느님 나라의 요체로서 '하느님의 주권'이 구현되는 구체적인 형태가 곧 공을 공으로 돌리는 것과 직결되어 있다는 것을 뜻한다. 바로 그 점에서 공 사상의 결정적 근거는 하느님의 주권에 있다. 안병무는 예수운동이 그 하느님의 주권을 철저화하려는 성격을 지닌 것이었다고 역설하였을 뿐 아니라,6 1990년에 간행된 『갈릴래아의 예수』에서 "하느님의 것은 하느님에게(公) — 회개"라는 제목으로 한 장을 할애하면서 예수운동과 공의 관계를 깊이 있게 규명하였다.7 제목 자체가 나타내는 바와 같이 안병무는 예수께서 하느님 나라의 도래를 선포하면서 회개를 명했을 때 그 의미는 결코 개인적 회심이나 이른바 '죄인'들만의 회심이 아니라 공동체 전체에 요구된 것으로서 공(公)을 요체로 하는 사회적 관계의 형성을 뜻하는 것으로 보았다. 그러기에 "소유와 밀착되지

---

6 안병무, "예수운동과 物," 「신학사상」 62(1988, 가을), 574.
7 안병무, 『갈릴래아의 예수 — 예수의 민중운동』 (서울: 한국신학연구소, 1990), 202-219.

않은 회개란 있을 수 없다"고 단언하기까지 하였다.8

여기서 안병무는 먼저 땅은 '하느님의 것'이라는 것을 분명히 하였다. "땅은 내 것이요. 너희는 나에게 몸붙여 사는 식객에 불과하다"(레위 25:23). 이같은 땅이 하느님의 것이라는 사상은 구약에서 많이 발견할 수 있다(출애 9:29; 19:5; 신명 10:14; 시편 50:10-12; 24:1-2; 대상 29:11-12 참조).

> 땅은 하느님의 것이기 때문에 인간은 누구도 땅에 대한 영구한 사유권을 주장할 수 없다. 사람은 식객처럼 나에게 허락된 땅을 경작할 수 있는 날까지 경작할 뿐이다. '하느님의 것'이라는 주장을 사회학적 개념으로 말하면 땅에 대한 공(公) 개념이다. 아무도 사유할 수 없는 것, 모두를 위한 것이면서도 어느 누구에게도 소속될 수 없는 것이다. 하느님이 창조주라고 믿는 한, 이것은 자연스러운 귀결이라고도 할 수 있을 것이다.9

---

8 앞의 책, 215.
9 앞의 책, 205-206.

물론 여기서 땅이 모든 피조물의 세계를 뜻한다는 것은 두말할 것 없다. 비단 토지에만 한정된 것이 아니라 모든 물질 세계에 해당하는 것이다. 그 물질 세계 안에서 인간은 창조적 노동으로써 자기를 구현하고 더불어 다른 인간을 먹여 살릴 수 있는 것을 생산하는 가운데 새로운 세계를 열어간다.10 이것이 세계(物)를 창조하고 다음에 그 동반자로 인간을 창조한 하느님의 참뜻이다. 그러기에 인간은 자연(物)을 계발할 임무를 지니며, 또한 그것을 사유화할 수 없다. "물은 결코 독점하라는 것이 아니다."11

땅으로 대표되는 모든 물질 세계가 '하느님의 것'이라는 것은 권력 또한 '하느님의 것'이라는 사실과 직결된다.

> 땅은 하느님의 것(公)인데 그 소유(사유)권 쟁탈을 위한 전쟁이 계속되고 그로 인해 불의가 자행되며, 사실상의 주인인 현주민은 가혹한 착취의 대상이 되어 인간으로서의 존엄

---

10 안병무, "예수운동과 物," 568.
11 앞의 글, 570.

성을 유린당했다. 땅의 소유권을 둘러싼 싸움은 바로 권력 싸움이었다.[12]

이것은 예수 시대 팔레스타인의 상황을 언급한 것이지만, 이러한 양상, 곧 권력 싸움이 땅(物)의 소유권을 둘러싼 싸움과 직결되어 있다는 것은 비단 그 시대만의 양상은 아니다. 안병무는 "사유화를 인정하고 보호해 주는 것"이 "국가 권력의 존재 이유"가 되어버렸고, 나아가 "국가 권력 자체도 사유화에서 독점화를 위한 도구로 이용"되고 있음을 지적한다.[13] 그러나 권력 역시 하느님에게만 속했다는 것이 성서의 기본 전제이다.[14] 즉, "권력도 '공'이지 사유화의 대상이 될 수 없다."[15]

이상 살펴본 바와 같이 공의公義 신학은 매우 급진적인 성격을 띠고 있다. 그럼에도 불구하고 '공' 개념은 현

---

12 안병무, 『갈릴래아의 예수』, 210.
13 앞의 책, 202.
14 안병무, "하늘도 땅도 공이다," 448.
15 안병무, 『갈릴래아의 예수』, 210.

실의 그리스도인들에게 하느님 나라를 역사화하는 일종의 중간 공리로서 성격을 지니고 있다. 그것은 말하자면, 종말론적 지평을 견지하면서도 실천 가능한 윤리적 대안을 모색하려는 민중신학적 노력을 함축하고 있다. 종종 민중신학은 그 종말론적 급진성 때문에 윤리가 불가능하다는 평가를 받고 있다.[16] 그러나 그러한 평가는 민중신학에 대한 일면적 평가일 뿐, 민중신학은 부단히 삶의 현실 가운데서 실천적 대안을 모색하기 위하여 부심하였다. 서남동의 '계시의 하부구조', 안병무의 '공' 등은 민중신학의 그러한 면모를 보여주고 있다. 김용복의 '하느님의 정치경제' 구상 또한 같은 맥락에서 평가할 수 있다.[17]

---

16 크리스티네 린네만-페린(Christine Lienemann-Perrin), "교회의 정치적 책임," 안병무박사고회기념논문집출판위원회 편, 『예수·민중·민족』 (천안: 한국신학연구소, 1992), 808 이하.

17 김용복, 『지구화 시대 민중의 사회전기』 (천안: 한국신학연구소, 1998), 222-238. 여기서 김용복은 오늘의 사회경제적 맥락에서 하느님의 정치경제를 구체화하는 원칙으로 ① 가난한 사람들의 사회경제적 안정, ② 소유권의 절대성 요구의 지양, ③ 살림을 위한 청지기직으로서 경제의 이해, ④ 참여의 경제 등을 제시한다.

4. 하느님의 주권의 표상으로서 '공'과 인권

안병무가 하느님 나라, 곧 하느님의 주권을 역사화하려는 뜻에서 사용한 '공'의 의미는 오늘 사회적 현실을 평가하고 대안을 모색하는 근거로서 다각적으로 해석될 수 있다. 사회경제적 구상을 펼치는 데서 중요한 논거가 될 수 있다. 또한 그것은 인간이 맺고 있는 모든 관계를 규율하는 규범적 표상이라는 점에서 관계 안에 있는 인간의 권리를 뒷받침하는 근거가 된다. 안병무는 하느님의 주권에 대한 역사적 표현으로서 '공' 개념이 신학적 의미에서 인권의 근거가 된다는 것을 분명하게 주장하였다.[18] 이미 창조 이야기 가운데 등장하는 '하느님의 형상'을 인권의 대전제로 제시한 바 있는[19] 안병무의 입장에서 인권의 근거로서 '공' 개념을 제시한 것은 새로울 것이 없어 보임에도 불구하고 그 개념을 새삼스러운 근

---

18 안병무, "인권에 대한 신학적 조명," 『민중사건 속의 그리스도』 (서울: 한국신학연구소, 1989), 186.
19 앞의 글, 181.

거로 제시하고 있는 것은 그 나름의 의도성을 띠고 있다. 우선 그것은 신권을 강조함으로써 인권을 배제한 과거 그리스도교 역사에 대한 반성을 함축하는 동시에 인권의 불가양도성과 근원적인 보편성을 강조하려는 의도를 지니고 있다. 또한 동시에 당대 현실에서 인권 유린의 심각성을 지적하려는 의도를 지닌다.

안병무는 "'공'을 사유화한 데서 인권 유린이 시작"되었다고 단언한다.[20] 하느님의 것으로, 곧 공적인 것으로 보존되어야 할 모든 것이 사유화되고, 이로부터 사적인 소유 여부에 따라 지배자와 피지배자, 고용자와 피고용자가 생겨 인권 유린이 '합법화'되기 시작했다. 이것은 하느님의 창조 질서에서 볼 때 전혀 가당치 않은 인권 유린의 현실이 마치 자연적 질서이거나 불가피한 사태인 것처럼 정당화되는 현실을 근본적으로 문제시하고 있다.

안병무는 기본적으로 민중들이 '죄인'으로 낙인찍히는 현실, 곧 민중들이 인권 보호의 울타리 밖으로 내몰

---

20 앞의 글, 187.

리는 현실이 현존하는 체제로부터 비롯되고, 그 체제는 민중을 죄인으로 배제하는 논리를 통해 스스로를 더욱 강화시키고 있다고 본다.[21] 안병무는 국가지상주의 및 법률만능주의에 대해 그것이 인권 유린을 야기한다는 점에서 일관되게 비판하였고,[22] 국가 권력의 합법성이 곧 인권을 옹호하는 기준이 될 수 없다는 것을 명확히 하였다.[23] 여기에서 안병무가 인권의 근거로서 '공' 개념을 제시한 의도가 더욱 분명하게 드러난다. '공' 개념은 기본적으로 현존하는 국가 권력의 합법성을 뛰어넘는 신학적 인권 옹호의 정당성의 근거로 제시한 것이다. 특별히 '공'의 사유화에서부터 인권 유린이 시작되었다는 진단은, '공'의 사유화를 보장하는 체제에 대한 비판을 겨냥하는 동시에 사유화의 욕망으로 그 체제의 정당성을 승인하는 사람들의 일체의 태도에 대한 비판을 겨냥

---

21 안병무, "죄와 체제," 『민중신학 이야기』 (서울: 한국신학연구소, 1987), 186-208.
22 안병무, "그리스도교와 국가," 『역사 앞에 민중과 더불어』 (서울: 한길사, 1986), 180 이하.
23 안병무, "인권에 대한 신학적 조명," 185.

하고 있다고 할 수 있다. 바로 그 점에서 안병무가 제시한 '공의 사유화' 논거는 인권 논의의 지평을 '국가 대 국민'의 차원에서 '국민 대 비국민'의 차원으로 전화시킬 수 있는 실마리 또한 함축하고 있다.[24] 이로써 안병무는 이전까지 논의해 왔던 인권의 신학적 기초를 더욱 탄탄히 함과 동시에 오늘 우리가 신학적 차원에서 인권을 논의할 때 참조하여야 할 중요한 거점을 예비해 준 셈이다.

5. 오늘 한국 사회에서 '공'의 의미

안병무는 공公의 사상을 펼치면서 그것을 구체화할 수 있는 경제 제도 및 정치 제도, 또는 여타의 사회 제도에 대한 구체적 청사진을 제시하지는 않았다. 그러나 하느님 나라의 구체화이자 동시에 민중의 염원의 집약적 표현으로 '공公'의 의미를 구현하는 과제는 현저하게 공적인 것의 소멸화 현상이 강화되고 있는 오늘의 현실에

---

24 김진호, "한국 그리스도교 인권담론과 신학적 성찰 — 안병무의 신학을 중심으로," 「종교문화비평」 12(2007. 9).

서 매우 중요한 영감의 원천이 되고 있다.

    2016~2017년 촛불 항쟁 이후 한국 사회는 중대한 도약의 기회를 맞이했었다. 경제적 불평등과 사회적 차별을 넘어서 민주주의와 인권의 신장이 이뤄지리라 기대되었다. 더불어 오랜 세월 한국 사회의 질곡이 되어 왔던 남북 간 분단 체제를 넘어 평화 체제 확립의 실현 가능성 또한 임박한 것으로 기대되었다. 1987년 민주항쟁의 결과로 탄생한 이른바 87년 체제는 절차적 민주주의의 측면에서 진일보한 것이 사실이지만, 실질적 민주주의를 정착시키는 데에는 한계를 노정하고 있었기 때문이다. 공적인 것을 소멸시켜나가는 가장 중요한 주범으로서 신자유주의적 경제 질서의 폐해는 누적되어왔고, 그에 따라 정치질서 또한 왜곡되어왔다. 재벌·금융·행정·사법·언론 분야 등의 기득권 카르텔에 의한 지배질서가 강고하게 자리해 왔다. 촛불 정부 5년의 과정은 역부족이었고, 결국 2022년 3월 20대 대선을 통해 그 기득권 카르텔이 합법적으로 권력을 장악하는 불행한 사태에 이르렀다. 지금 한국 사회가 안고 있는 문제들은 개선되기보다 악화될 가능성이 농후해졌다. 경제적 불

평등이 심화되는 가운데 그에 편승한 차별과 혐오의 정치 또한 질긴 영향력을 행사하고 있다. 그 차별과 혐오의 논리가 신앙의 이름으로 정당화되고 있는 지경이다.

"하늘도 땅도 공이다!" 그 의미를 다시 환기하는 것은 바로 그와 같은 오늘 우리의 현실 때문이다. 사실 그 의미는 매우 급진적 성격을 띠고 있지만, 지금 당장 직면한 현실을 뛰어넘어 그 의의를 구현할 수는 없다. 오늘 그 의의를 환기할 수밖에 없는 현실적 맥락을 되짚는 것은 그 때문이다.

〔보론〕
공의 신학과 공공성의 신학

공(公)의 신학은 오늘날 주목받고 있는 이른바 공공성의 신학과 그 이름의 유사성 때문에 동일한 문제의식을 지닌 것으로 여겨지기 쉽다. 일단 공공의 영역에서 제기되는 매우 포괄적인 문제들을 다룬다는 점에서 두 신학적 접근은 일치한다고 할 것이다.

그러나 민중신학에 근거한 공의 신학은 기본적으로 종말론적 색채를 강하게 띠고 있다. 다시 말해 혁명적 내지는 체제 변혁적 성격을 지향하고 있다. 때문에 공공 영역의 문제를 다룬다 하더라도 이 입장은 공공성의 기준을 적대적으로 대립된 갈등의 상황 안에 있는 민중의 편에 설정한다. 따라서 이 입장에서 굳이 공공성을 말한다면 그 의미는 이미 주어져 있는 지배적 사회 내의 공적 영역을 전제로 하기보다는 그것을 넘어선 것을 지향한다. 따라서 이때 공공성의 의미는 이미 주어져 있는 공공질서를 넘어선다는 의미에서 대안적 공공성이 될 것이다.

반면에 공공성의 신학, 특별히 한국 보수주의 개혁 진영의 공공신학 담론은 이미 세속적으로 주어져 있는 공공 영역의 문제들에 대해 신학적 의미를 재발견하고, 그와 관련하여 그리스도교 내지는 교회의 책임을 강조하는 경향이 강하다. 예컨대 한국에 널리 소개되어 있는 미국의 신학자 맥스 스택하우스$^{Max\ L.\ Stackhouse}$의 입장처럼,[25] 경제적 차원에 하느님의 경륜이 함께하고 있다거나 현대적 기업이 교회의 세속화된 형태라고 말할 때 그 자체만으로는 그에 대한 어떤 비판적 전망을 함축하고 있지 않다. 다만 신앙의 문제로서 정당하게 다뤄지지 않았던 그 문제들을 새삼 신앙의 문제 영역으로 끌어들이는 의미가 강할 뿐이다. 이런 입장을 취할 경우 대립하는 사회적 갈등 관계는 간과되고, 결과적으로 체제 옹호를 위한 신학적 입장에 떨어질 수밖에 없다. 이 경우 신

---

25 맥스 L. 스택하우스/이상훈 옮김, 『세계화와 은총 — 글로벌 시대의 공공신학』 (서울: 북코리아, 2013).

학적 입장에서 종말론적 지평은 존재하지 않는다. 다소 도식적이기는 하지만 두 신학적 입장이 이렇게 극단적으로 대비되는 것이라면, 민중신학에 근거한 공의 신학과 오늘 한국에서 널리 논의되고 있는 공공신학의 입장은 쉽게 조화할 수 없는 것처럼 보인다.

그러나 과연 두 신학적 입장은 과연 어떤 접점이 없는 것일까? 동일한 주제, 엄밀한 의미에서 동일한 소재를 다룬다는 공통점 외에는 다른 접점은 전혀 없는 것일까? 어떤 신학이든 그 형성 자체가 대화의 소산일 수밖에 없다. 그 대화는 그리스도교 신앙의 전통 그리고 동시에 당대 상황과의 관계 속에서 이루어진다. 뿐만 아니라 대화의 소산으로서 신학은 당대 여러 신학 조류와의 관계 안에 있기도 하다. 그 점에서 민중신학과 공공신학은 접점의 가능성이 있고 대화의 여지가 있다.

민중신학의 입장에서 말하면, 공공신학이 제기하는 문제의식을 보완적 입장에서 수용할 수 있을 것이다. 민중신학이 공공신학의 문제의식을 보완적 요소로 받아들일 수밖에 없는 까닭은 인간 삶의 실존적 조건 자체에서 비롯된다. 인간의 삶은 매순간 혁명적 긴장 속에서 이뤄지지 않는다. 이미 주어져 있는 현실 안에서의 일상의 지속으로서의 측면이 사실 훨씬 지배적이다. 그렇기 때문에 역으로 일상적 삶의 억압적 측면을 극복하기 위한 혁명적·종말론적 긴장이 요구되는 것이겠지만, 평범한 일상 안에서 제기되는 문제들을 간과할 수 없다. 공공신학은 일상적인 삶 안에서 제기되는 문제들, 특히 사적 영역보다는 공적 영역에서 제기되는 문제들을 적극적으로 다루고 있기에 바로 그 측면에서 민중신학의 입장에 보완적 역할을 할 수 있을 것이다. 다시 말해 체제 변혁적 성격을 지향하는 민중신학이 수용하는 공공신학의 의의는 대안적 체제의 모색에 중요한 실마리들을 시사하고 있다. 그 점에서 민중신학이 공공신학에서 제기하는 문제제기들을 경청하고 성찰하는 것은 유익하리라 본다.

5강

민중 메시아론

1. 민중은 메시아인가?

　민중 메시아론은 민중신학의 핵심이자 동시에 가장 첨예한 쟁점이다. 민중 메시아론은 민중이 곧 메시아라는 것을 함축한다. 물론 이는 "민중이 곧 메시아"라는 의미인지 "민중이 메시아적 역할을 맡는다"는 의미인지 미묘한 차이에 따른 긴장을 내포하고 있지만, 민중의 자력구원의 가능성을 인정하고 있다는 점에서 민중신학의 핵심적 요체로 여겨지고 있는 동시에 가장 첨예한 쟁점이 되고 있다.

　민중 메시아론이 민중신학의 핵심이자 동시에 첨예한 쟁점이 되고 있는 까닭은 그것이 기존 그리스도교의 구원론과는 확연히 다른 신학적 인식을 함축하고 있기 때문이다.

독일 신학자 위르겐 몰트만Jürgen Moltmann은 한국의 민중신학에 대해 평가하기를 "종교개혁 이래 성서에 대한 새로운 해석을 통해 형성된 최초의 신학"이라 말한 적이 있다.[1] 종교개혁의 신학이 기존의 신학적 인식을 변화시킨 전환의 계기가 되었다면 그 이후 다시 한번 신학적 인식을 변화시킨 중대한 또 하나의 계기였다는 의미일 것이다. 민중신학의 등장이 16세기 종교개혁만큼 큰 파급력을 지니는지 여부와는 별개로 적어도 그 신학적 패러다임의 측면에서만큼은 중대한 변화라고 평가한 셈이다.

물론 그가 민중신학적 인식에 전적으로 공감하고 동

---

1 2009년 방한 시 강연 후 질의에 대한 응답 가운데 한 이야기였다. 그와 같은 취지의 입장은 그보다 앞선 그의 저작에서도 확인할 수 있다. 몰트만은 "신약성서에 대한 주석학적 발견이 새로운 교회 공동체 운동과 새로운 신학으로 유도하는 일은 매우 드물다"고 전제하며, 그 드문 사례로 루터의 성서 해석과 함께 민중신학을 형성한 안병무의 주석학적 발견을 예시한다. 위르겐 몰트만/김균진 옮김, 『신학의 방법과 형식 — 나의 신학 여정』(서울: 대한기독교서회, 2001), 272.

의한다는 뜻은 아니다. 그는 "예수와 민중의 동일화"를 말하는 민중신학이 등장하게 된 한국의 역사적 맥락에 대한 이해를 표시하면서도 민중 메시아론에 대해서는 의문을 제기한다. "민중이 세계를 구원해야 한다면, 민중을 구원할 이는 누구인가?"라고 묻는다.2 민중은 구원의 대상이라는 신학적 입장에서 던진 물음이었다. 그와 동일한 문제의식을 바탕으로 하는 독일 신학자들과 한국 민중신학자들 사이에서 대화가 한동안 지속되기도 하였다.3

민중 메시아론은 국내의 신학자들 가운데서도 뜨거운 쟁점이 되었다. 민중신학이 민중'신학'이 아니라 '민중신'학으로 빠질 위험성이 있다고 경계하는 비판적 입장이 제기되었는가 하면,4 심지어는 민중신학 진영 내에서도 민중 메시아론을 일종의 독소조항과 같은 것으로 여기는 견해가 제기되기도 하였다.5 이후 민중신학

---

2 위르겐 몰트만, 앞의 책, 280.
3 EMW, "민중신학자들과 독일 신학자들의 대화," 「신학사상」 69(1990, 여름).
4 김지철, "민중신학의 성서읽기에 대한 비판적 고찰," 「신학사상」 69(1990, 여름).

내부에서는 이에 관한 제법 활발한 논의가 이뤄졌다. 안타깝게도 공동의 토론장에서 지속적인 대화가 충분히 이뤄지지는 않았지만, 여러 민중신학자들이 이에 대한 견해를 밝히며 저마다의 입장을 개진해왔다.6 기왕의

---

5 임태수, "민중은 메시아인가? ― 안병무의 민중 메시아론을 중심으로," 「신학사상」 81(1993, 여름).

6 앞서 말한 몰트만과 독일 신학자들의 입장 그리고 김지철, 임태수 논의 외에도 W. Kröger, "한국민중신학의 그리스도론적 함의,"「신학사상」 67(1989, 겨울); 아라이 사사구, "민중 메시아론과 여자/어린이 관점,"「신학사상」 84(1994, 봄); 김달수, "예수의 메시야 자의식,"「신학사상」 84(1994, 봄); 임태수, "서남동의 예수 이해, 민중 이해에 대한 새로운 고찰,"「신학사상」 86(1994, 가을); 김창락, "기로에 서 있는 민중신학,"「신학사상」 96(1997, 봄); 송기득, "민중 메시아론,"「신학사상」 96 (1997, 봄); 김경재, "죽재 서남동의 현재적 그리스도론,"「신학사상」 99(1997, 겨울); 황성규, "안병무의 예수 이해,"「신학사상」 99(1997, 겨울); 박재순, "민중 메시아론에 대한 신학적 고찰," 민중신학연구소 편,『민중은 메시아인가』(서울: 한울, 1995); 김진호, "역사의 예수 연구에 대한 해석학적 고찰 및 민중신학의 '사건론'적 전망," 김진호 편,『예수 르네상스 ― 역사의 예수 연구의 새로운 지평』(천안: 한국신학연구소, 1996); "예수운동의 배경사를 보는 한 시각 ― 민중 메시아론의 관점에서 본 민중 형성론적 접근,"『예수 역사학 ― 예수로 예수를 넘기 위하여』(서울: 다산글방, 2000); 권진관,『예수, 민중의 상징·민중, 예수의 상징』(서울: 동연, 2009); 김희헌,『민중신학과 범재신론 ― 민중신학과 과정신학의 대화』(서울: 너의오월, 2014); 이상철, "논란의 중심 민중 메시아," 이정희 외,『민중신학, 고통의 시대를 읽다』(왜관: 분도출판사, 2018) 등의 논의를 주목할 필요가 있다.

그 논의들은 민중 메시아론이 지니고 있는 쟁점의 성격을 잘 드러내 주고 있으며, 향후 이를 둘러싼 논의에서도 지속적으로 참고 자료가 될 것이다.

이 글은 민중신학의 핵심 개념으로서 새로운 신학적 지평을 연 민중 메시아론의 요체를 살펴봄으로써 그것이 어떻게 기존의 구원론과 다른지 헤아려볼 것이다. 나아가 그것을 둘러싸고 지속되어 온 논의에서 부각된 쟁점들을 환기하면서 역사적 현실에 대한 책임적 신앙의 근거로서 민중 메시아론의 의의를 평가하고자 한다.

2. 민중 메시아론의 형성과 그 요체

민중신학이 전태일 사건의 충격으로부터 시작되었다는 것은 익히 알려져 있다. 물론 그 단일한 사건의 충격이 전적으로 민중신학 탄생의 계기가 된 것은 아니다. 그 탄생의 거시적 배경을 헤아린다면 한국 사회에서 경제 개발의 본격화와 함께 정치적 권위주의가 강화되는 1960년대 말에서 1970년대 초에 이르는 일련의 정치사회적 상황이 될 것이다. 하지만 전태일 사건이 그 일련의 정치사회적 상황을 함축하는 하나의 극적인 사건이라는 점에서, 그 사건을 계기로 민중신학이 탄생했다는 것은 의심의 여지가 없다.

민중신학의 구원론의 요체로서 민중 메시아론의 출발점도 사실은 그 사건과 직결되어 있었다. 다른 신학자들의 논의에 비해 상대적으로 간과되고 있지만, 1970년 11월 13일 전태일 분신 사건이 발생한 직후 발표된 오재식의 "어떤 예수의 죽음"7은 민중 메시아론의 단초를 보여주는 의미심장한 글이다. 추모사 형식을 빈 이 글은 부제로 "고 전태일씨의 영전에"라고 명기되어 있을 뿐 정작 본문에서는 단 한 번도 그 이름을 언급하지 않고 예수의 죽음의 의미를 새기고 있지만, 곧바로 전태일의 죽음을 떠올리도록 되어 있다. 동시에 거꾸로 전태일의 죽음에서 예수의 죽음을 실감하게 되어 있다.

1980년 광주항쟁 직후 시인 김준태가 "십자가를 짊

---

7 오재식, "어떤 예수의 죽음 — 고(故) 전태일씨의 영전(靈前)에,"「기독교사상」151(1970. 12). 이 글은 전태일기념관건립위원회 엮음,『어느 청년 노동자의 삶과 죽음 — 전태일(全泰壹) 평전』(서울: 돌베개, 1983)에도 수록되었다.

어지고 무등산을 넘어 골고다의 언덕을 넘어가는… 하느님의 아들"을 노래한 것8 역시 그와 다르지 않았다. 역사의 현장에서 분투하는 이들이라면 그 상상력과 절절한 마음을 교리적 잣대로 재단하는 것이 얼마나 부질없는 짓인지 안다. 초기 그리스도인들이 예수에게서 하느님을 만났다면, 오늘 그리스도인들이 민중에게서 예수를 발견하고 동일한 경험을 한다는 것이 그렇게 낯선 것은 아니다.

엄혹한 시대 상황 가운데서 그 상상력은 더욱 증폭되었다. 1970년대 초반 시인 김지하의 〈금관의 예수〉 그리고 옥중 메모 〈장일담〉 등은 아주 두드러진 사례였다.9 일정한 서사 형식을 갖춘 이 이야기들을 통해 신학자들은 그 의미를 더 깊이 새길 수 있게 되었다. 그로부터 영감을 얻어 신학적 통찰에 이르고 점차 신학적 담론의 형식으로 발전시켰다. 1973년 "한국 그리스도인 선

---

8 김준태, "아아, 광주여! 우리나라의 십자가여!," 「전남매일신문」 1980. 6. 2.
9 김지하의 희곡 〈금관의 예수〉는 1973년 초연되었고, 옥중 메모 〈장일담〉은 1974년 투옥 중 기록한 것으로 추정된다.

언"에서 예수가 '눌린 자들', '가난한 자들', '약한 자들', '멸시받는 자들'과 함께한 것처럼 한국의 그리스도인들도 그들과 운명을 같이해야 한다고 고백했을 때, 그것은 민중 메시아론을 예고한 것이었다. 그리스도교 신학의 입장에서 볼 때 그 인식은 성서의 증언 자체를 재조명하는 의미를 지니는 것이었다. 역사적 상황으로부터 자극을 받았지만, 그것은 동시에 성서의 증언을 되돌아보는 계기가 된 것이다. 텍스트와 컨텍스트의 분리 불가는 더욱 분명해졌다. 민중 메시아론은 그와 같은 맥락에서 형성되고 구체화되었다.

서남동은 민중을 이렇게 정의하였다. 곧 민중은 "생활 가치를 생산하고 세계를 변혁시키며 역사를 추진해 온 실질적 주체이면서도 지배권력으로부터 소외·억압되어 천민·죄인으로 전락했"지만, "역사의 발전에 따라서 자기의 외화물外化物인 권력을 원자리로 되돌리고 하나님의 공의公義 회복을 주체적으로 이끌어서 그로써 구원을 성취하도록 되었다"는 것이다.[10] 그 인식을 공유한

---

10 서남동, 『민중신학의 탐구』 개정증보판 (서울: 동연, 2018), 58.

민중신학자들에게서 민중 메시아론은 본격화되었다.

1) 민중사건, 예수 사건

안병무는 '민중사건'의 의미를 새기는 가운데 민중의 주체성을 통찰하고 이를 강조하였다. 실존주의에 깊은 영향을 받은 안병무는 '사건'의 개념을 실존주의 신학자 루돌프 불트만Rudolf Bultmann에게서 빌려왔다. 불트만에게서 '사건'(Ereignis)은 예수의 십자가 사건을 통해 드러난 신적 구원 사건으로서, 일회적 사건에 그치지 않고 시공을 초월한 보편적 성격을 지닌 것이었다. 불트만에게서 그 사건의 의미는 신앙을 통한 실존적 체험의 성격을 지닌 것이었다. 말하자면 예수의 십자가 사건이 신앙을 통해 그 의미가 현재화될 때 오늘의 개별적인 주체에게 실존석으로 관계되는 것이었다.[11]

그러나 안병무는 그 사건의 의미를 역사적 지평에서

---

11 R. Bultmann, *Kerygma und Mythos*, Bd. I (Hamburg: Reich, 1967), 67; 김명수, 『안병무의 신학사상』 (서울: 한울, 2011), 139 참조.

재해석한다. 안병무는 특별히 민중 예수가 일으킨 사건을 주목한다.[12] 안병무는 예수를 개인적 인격으로 파악하는 것을 거부하고 집단적 인격을 대표하는 것으로 이해한다. 따라서 '민중 예수'는 예수 그 자신이 민중을 대표한다는 것을 뜻하며 동시에 언제나 민중과 자신을 동일시하는 가운데 더불어 있다는 것을 뜻한다. 여기서 예수와 민중은 분리되지 않는다. 한편은 주체가 되고 한편은 객체가 되는 관계가 아니다. 혼연일체로서 주체를 형성한다. 안병무는 혼연일체로서 그 주체가 일으킨 사건 속에서 역사적 예수의 진면목을 찾는다. 그 사건은 이천년 전 갈릴리 역사적 현장에서 일어난 유일회적 사건으로 그치지 않는다. 그것은 마치 화산맥이 분출하듯, 끊임없이 역사 가운데서 재현된다. 안병무가 전태일 사건을 서슴없이 예수 사건이라 말한 것은 그런 맥락에서이다.

안병무는 바로 그 민중사건을 증언하는 것이 민중신

---

12 민중사건의 의미에 대해서는 안병무가 곳곳에서 이야기하고 있지만, 특별히 그 의미를 집약한 것으로는 안병무, 『민중신학 이야기』 (서울: 한국신학연구소, 1987), 86-128 참조.

학의 핵심적 과제라고 천명하였다. 예수와 민중은 해방의 사건 안에서 하나가 된다. 민중신학의 가장 핵심적인 이 명제가 신학적 차원에서는 가장 예민한 논란거리가 되었다. 특별히 서구 신학자들에게 민중과 예수의 동일시는 커다란 문젯거리가 아닐 수 없었다. 구체적으로 말하면 예수가 민중을 대표한다는 것은 받아들일 수 있다 하더라도 민중이 예수와 동일한 역할, 곧 메시아적 역할을 맡을 수 있느냐 하는 것이 문제였다. 안병무는 사건 안에서 그것은 가능하다고 단언하였다.

안병무가 사건의 의미를 강조할 때 가장 중요한 초점은 민중의 자기 초월의 성격이다. 안병무는 숱한 역사적 사건 안에서 민중이 자기를 초월하는 것을 본다고 역설한다. 하나의 범례로서 전태일 사건의 경우, "자기 고통의 문제를 자기 개인에게 한정시키지 않고 노동자 전체의 문제로 승화시킨 데서 민중적 메시아상이 드러"난다고 보았다. "'전태일이 메시아다'라는 말은 쓸 필요가 없어요. 그리스도는 전태일에게서 이렇게 현존한다고 말할 수 있는 거예요."[13] 그것은 전태일이 곧 메시아라는 것을 뜻하지는 않는다. 전태일 사건 안에 민중의 메시아적 역능이 현존한다는 뜻이다. 바로 이런 의미에서 안병무가 강조한 예수와 민중의 동일시는 항간에서 오해되고 있듯이 이른바 존재론적 동일시와는 다른 것이다. 그것은 철저하게 사건의 지평 안에서의 동일시를 뜻한다.

성서의 예수 사건과 오늘의 민중사건을 동일한 구원 사건으로 인식한 안병무의 '사건의 신학'은 이른바 '텍스트'와 '컨텍스트'의 관계에 관한 그의 입장과 밀접하게 관련되어 있다. "물음이 대답을 결정한다"는 지론을 갖고 있는 안병무는 "컨텍스트와 텍스트를 둘로 갈라놓는 것은 잘못"이라고 본다. "우리가 역사 속에 속해 있으면서 역사를 객관화할 수 없듯이, 내가 나의 컨텍스트에서 텍스트를 읽을 때에도 컨텍스트나 텍스트를 객관화할 수 없다." "그 양자는 분리될 수 없는 하나의 현실"이다.[14] 바로 이 점에서 안병무의 민중 메시아론은 역사적 통찰이자 동시에 성서적 통찰의 결과라 할 수 있다.

---

13 안병무, 앞의 책, 116.
14 앞의 책, 69.

2) 민중의 메시아성과 한의 속량적 성격

서남동의 민중 메시아론은 기본적으로 그의 선명한 신학적 틀로서 '두 이야기의 합류' 구조 안에서 해명된다. 그리스도교의 민중 전통과 한국의 민중 전통의 합류를 증언하는 민중신학은 오늘 눈앞에 벌어진 사건을 하느님의 역사 개입 사건으로 알고 실천적 참여자의 입장에서 이를 해석하는 과제를 안고 있다.[15] 서남동은 그 입장에 따라 한국 민중 전통이 전하는 여러 이야기 가운데서 그 신학적 의미를 조명하였다. 그 이야기들은 예부터 전해져 오는 민담은 물론 당대 사회에서 벌어진 사건 이야기들을 포함하고 있다.

그 가운데 특별히 김지하의 옥중 메모인 장일담 이야기는 '신과 혁명의 통일'을 보여주는 범례로서 주목 대상이 되었다.[16] 불행한 민중이 타락해가는 여정의 끝자락, 곧 나락에서 다시 그 여정을 거슬러 가는 주인공 이

---

15 서남동, 『민중신학의 탐구』, 101.
16 앞의 책, 103.

야기에서 민중 메시아를 본다. "이 밑바닥을 다시 뒤집으면 바로 하늘이 되고 거기에서 민중의 메시아가 출현할 수 있다." "이 땅에서 추방당한 버림받은 자들의 소굴에 몸소 들어가서 그들과 마음으로 일치하는 경험"을 겪은 주인공[17]이 해동극락을 선포하고 죽음에 이르렀다가 다시 부활한 이야기에는 동학을 포함한 한국 민중의 족보가 고스란히 담겨 있고 동시에 예수의 이야기가 녹아들어 있다. 서남동은 시인 김지하가 장일담과 한국 민중과 예수 그리스도를 동일화하고 나아가 자기 자신의 영상을 그 위에 겹쳐놓은 이야기 가운데서 민중 메시아론의 혜안을 발견하고 깊이 공감한다. "한국교회의 민권운동과 구약의 출애굽 행진의 영상을 동일화하고, 한국의 민중 속에서 예수를 동정同定(identify)하며, 장일담의 행각에서 그리스도의 사업을 동정하고 거기에 자기 자신을 위탁할 때 바로 구원과 해방의 사건은 발생한다."[18]

서남동은 한 맺힌 민중들의 한풀이 이야기 가운데서

---

17 앞의 책, 103.
18 앞의 책, 138.

'고난받는 민중의 메시아성'과 '한의 속량적 성격'을 주목한다.[19] 그것은 전통적인 신학이 말하는 죄로부터의 구원과는 다른 의미를 지닌다. 한마디로 "죄란 지배자의 언어이고, 한은 민중의 언어"이다. 죄로부터의 구원은 그 주체와 대상을 구분하는 반면 민중의 언어로서 한은 그 자체로 속량적 성격을 지닌다. 지배체제에 의해 쌓인 한을 민중이 스스로 극복해가는 한풀이에서 그 속량적 성격이 드러나며 그것이 곧 민중의 메시아성을 보여준다. 여기서 민중의 한풀이는 단지 개인적 원한에 대한 복수와 같은 것이 아니다. 한에 매인 스스로를 해방할 뿐 아니라 한을 쌓는 사회 구조를 변화시킴으로써 세상을 구원하는 역할을 뜻한다. 민중은 스스로가 '한의 사제'로서 역할을 맡는다. 서남동은 교회 또는 민중신학의 역할과 관련하여 한의 사제를 말하기도 하였지만, 일차적으로는 민중 스스로가 그 역할을 맡는다는 점을 주목하였다. 민중 스스로 해방하는 능력을 주목한 것이다. 서남동이 주목한 민중의 메시아성은 한국 민중의 이야

---

[19] 앞의 책, 143.

기에서만 드러나는 것은 아니다. 성서가 증언하는 고난받는 하느님의 종(이사 52:13-57:12)에게서는 물론 그 메시아적 전망을 실제로 구현한 예수 그리스도에게서 분명하게 드러난다. 예수가 민중들과 스스로를 동일시하는 최후 심판 이야기(마태 25장)에서 보는 바와 같다. 나아가 서남동은 착한 사마리아 사람 이야기(누가 10장)에서 강도 만난 사람이 '한의 그리스도' 역할을 맡는 것으로 재해석하기도 하였다.

민중이 한의 사제로서 스스로를 구원하고 세상을 구원하는 것은 한이 개인의 원한으로 머물지 않고 집단적으로 승화될 수 있기 때문이다. 개인을 뛰어넘어 집단적 승화를 가능하게 하는 계기가 '단斷'이다. 원한을 끊는 것이다.[20] "단이란 한의 극복이며 개인적으로는 자기부정이며 집단적으로는 복수의 악순환을 끊는 것이다."[21] 그것은 한이 지닌 힘이 소멸하는 것이 아니라 다른 형태로 승화하는 것이다. 한은 "민중적 저변 감정으로서 한편으

---

20 김지하, 『밥』 (왜관: 분도출판사, 1984), 12.
21 서남동, 『민중신학의 탐구』, 133.

로는 약자의 패배의식, 허무감과 체념이 지배하는 감정 상태"이지만 "다른 한편으로는 약자로서의 삶의 집념을 담고 있는 감정"이기도 하다.22 민중의 삶의 집념으로서 그 한은 예술적으로 승화되기도 하며 혁명이나 반란의 힘으로 표출되기도 한다. 이로써 한은 보복의 악순환을 벗어나 민중 스스로를 구원하고 세상을 구원한다. 원한에 쌓인 민중이 자기를 부정하고 초월함으로써 그 한을 승화시키는 가운데 그 놀라운 사건이 벌어진다. 이를 서남동은 김지하의 말을 따라 '한과 단의 변증법'으로 일컫는다.23 그것은 신과 혁명의 통일 또는 개인의 영적 쇄신과 사회적 변혁을 통합하는 지속적인 혁명의 원동력이 된다.24

민중의 한이 사회적으로 전화되어 변혁의 동력이 되는 가능성과 그 역사적 실례에 대한 탐색은 지속적인 관심거리가 되고 있다.25 두 이야기의 합류 맥락에서 신학

---

22 앞의 책, 113-114.
23 앞의 책, 133.
24 앞의 책, 136.
25 현영학, "한국탈춤의 신학적 이해," NCC신학연구위원회 편, 『민중과 한

적 성찰을 시도한 서남동은 한의 속량적 성격과 동시에 민중의 메시아성을 주목한다.

> 우리를 해방시킬 메시아의 도래는 고난받는 민중의 신음소리, 한의 소리를 타고 오시는 길밖에 없는 것이다. 고난받는 이웃, 특히 우리가 구조악이라고 부르는 것 때문으로 고난받고 있는 이웃의 소리(아픔)에서 만나지 못한다면 이 시대 다른 아무데에서도 그리스도를 만나지 못한다. 이것을 가리켜 나는 '고난받는 민중의 메시아성' 혹은 '한의 속죄적인 성격'이라고 말한다.[26]

3) 정치적 메시아주의와 메시아적 정치

민중의 메시아성에 대한 통찰은 김용복에게서도 중

국신학』(서울: 한국신학연구소, 1982), 348-368; 한완상 김성기, "恨에 대한 민중사회학적 시론 — 종교 및 예술체험을 중심으로," 서광선 편, 『恨의 이야기』(서울: 보리, 1987), 97; 염무웅, "시인 김지하가 이룬 것과 남긴 것들,"「창작과비평」 197(2022, 가을), 337.
26 서남동, 『민중신학의 탐구』, 156.

요한 주제가 되었다. 김용복은 '정치적 메시아니즘'과 '메시아적 정치'를 구별하고, 민중 가운데서 민중을 주체화하는 '메시아적 정치'의 본보기로서 예수의 길을 강조하였고, 그 길을 일러 '종의 도'(doularchy)라 일렀다. 이는 김용복 민중신학에서 핵심 개념에 해당한다. 김용복은 폴 레만[Paul L. Lehmann]이 마르크스주의와 관련하여 '정치적 메시아주의'(Political Messianism)와 '메시아적 정치'(Messianic Politics)를 구분하는 데서 영감을 받아[27] 이를 민중신학에 적용했다. 박사학위 논문에서 이미 그 착상을 적용한 것으로 보이며, 이후 일관되게 그의 신학의 핵심 개념으로 삼았다.

김용복은 이사야서의 고난의 종과 예수 그리스도를 메시아 정치의 결정적 전거로 삼는다. "메시아는 고난받는 민중과 자신을 동일시한다. 따라서 메시아는 고난받는 민중들 가운데서 출현하게 되는 것이다."[28] "민중과

---

27 김용복박사팔순기념논문집출판위원회 편, 『민중과 생명』(서울: 동연, 2018), 43.
28 김용복, 『한국민중과 기독교』(서울: 형성사, 1981), 113.

메시아의 관계는 주인으로서의 민중과 종으로서의 메시아라는 관계로 이해되어야 한다. 이러한 민중과 메시아의 관계는 고난 가운데서의 합치(identification)와 동참(koinonia)의 관계이다."29 "'고난받는 종'은 메시아가 지녀야 할 두 가지 특성을 보여주고 있다. 하나는 고난받는 민중과 자기 자신을 동일시하는 것이요 또 다른 하나는 해방을 희구하며 메시아에 대한 열망으로 가득 찬 민중에게 민중의 종으로서 민중을 섬기는 것이다."30

정치적 메시아주의는 민중을 역사적으로 무력한 존재로 만들거나 비주체적인 대상으로 만든다. 반면에 예수의 메시아적 정치는 민중을 자신들의 운명에 대한 역사적인 주인들로 만듦으로써 민중의 역사적인 구체성을 실현하는 정치학이다. 이 점에서 메시아적 정치는 민중의 메시아적 정치로 이해될 수 있다. 이와 같은 메시아적 정치는 현대의 모든 정치적 메시아주의를 폭로하고 새로운 대안을 열어 준다. 메시아 정치는 궁극적으로

---

29 앞의 책, 120.
30 앞의 책, 121.

메시아 왕국을 지향한다. 이 메시아 왕국은 하느님 나라와 다르지 않다. 하지만 하느님의 주권이 실현되는 곳은 결국 '역사적 초월'(historical transcendence)로서 메시아 왕국이라는 점에서, 또한 민중의 주체성이 더욱 분명하게 드러난다는 점에서 김용복은 메시아 왕국을 선호한다. 메시아 왕국은 "정의(justice), 친교(koinonia), 평화(shalom)"의 실현을 뜻한다.[31]

김용복은 한국 민중사에서 민중 메시아니즘, 곧 메시아적 정치가 가장 극적으로 드러난 사건으로 3.1운동을 꼽는다. 이는 다른 민중신학자들이 전태일 사건을 민중신학의 결정적 계기로 강조하고 있는 것과는 다른 것처럼 보이지만, 사실상 민중에 대한 같은 이해를 기반으로 하고 있다. 역사적 사고를 강조한 김용복이 3.1운동의 의의를 강조한 것은 충분히 이해할 만하다. 김용복의 메시아 정치, 민중 메시아니즘은 서남동과 안병무의 민중 이해와 상통하는 그의 고유한 개념이라 할 수 있다. 서남동은 이 메시아 정치의 개념을 적극적으로 받아들

---

31 앞의 책, 160.

였다.32

3. 민중 메시아론, 그 쟁점들

민중신학의 핵심적 요체로서 민중 메시아론은 등장하자마자 논란에 휩싸여야 했다. 전통적인 신학적 관념으로는 수용이 어려웠기 때문이다. 먼저 비판적 반론이 앞섰고, 그 반론에 맞선 변증론이 시도되었다.

1) 민중 메시아론 비판

민중 메시아론은 등장하자마자 먼저 반론에 부딪혀야 했다. 처음부터 비판적 입장을 견지한 경우(김지철), 진지한 신학적 대화를 시도하였지만 여전히 전통적 입장에서 벗어나지 않은 경우(몰트만과 독일 신학자들), 민중신학에 대한 계승을 표방하지만 사실상 그 핵심을 독소조항으로 인식하는 경우(임태수)가 이에 해당한다.

---

32 서남동, 『민중신학의 탐구』, 173, 176, 406.

김지철은 민중신학의 공헌이 "성서의 고난을 적극적으로 이해하고 이를 구원해방사에 포함시켰다는 데 있다"33는 것을 인정하고, "예수의 민중성을 본받는 길, 즉 민중과 스스로를 일치시키면서 민중의 고난받는 현장에 참여하려는 노력은 인간적인 측면에서 매우 값진 것"이라 평가한다. 하지만 동시에 "민중신학이 민중'신학'이 아니라 민중 메시아를 표방하는 '민중신'학의 범주를 벗어나지 못하고 말지 않겠는가"라고 반문한다.34 "민중신학에서는 피조물(인간·역사·자연)과 하느님의 동일화가 너무 빨리 그리고 너무 쉽게 이루어짐으로써 하느님의 계시성과 초월성이 그리고 예수의 진정한 기독론적 자리가 파기되고 있다"35는 것이 그 비판의 요체이다. 사실상 신학의 자리를 떠났다는 평가인 셈인데, 그 평가의 근거가 민중신학이 비판의 대상으로 삼는 이분법적 교의 규범에 있다는 것은 분명하다. 따라서 그와

---

33 김지철, "민중신학의 성서읽기에 대한 비판적 고찰," 461.
34 앞의 글, 465.
35 앞의 글, 464.

명백히 구별되는 민중신학의 구원론의 성격을 분명히 구별하게 해 주는 효과를 지니고 있을 뿐, 별다른 논의의 지평을 확장해주는 의미는 없다.

몰트만은 한국의 민중신학에 대해 가장 깊이 이해하고 이를 세계 신학계에 알린 서구 신학자 가운데 한 사람이다. 민중신학자들과 대화하는 자리에서 발표한 그의 어떤 글을 보면36 민중신학자들이 말하는 민중 구원론과의 차별성을 인지하기 어려울 정도로 깊이 공감하고 있다. 또한 몰트만은 민중신학자들의 민중 고난에 대한 신학적 성찰이 본회퍼Dietrich Bonhoeffer의 하느님의 고난에 대한 통찰을 닮았다고 보았다. "성서는 인간에게 하나님의 무력하심과 고난을 시사한다. 고난당하는 하나님만이 도와줄 수 있다." "인간은 하나님 없는 세계에서 하나님의 고난을 함께 고난 당하도록 부르심을 받는다." "기

---

36 위르겐 몰트만, "민중의 투쟁 속에 있는 희망," 기독교사상편집부 편, 『한국의 신학사상』(서울: 대한기독교서회, 1983), 387-403. 이 글은 원래 1975년 몰트만이 처음으로 한국을 방문하여 발표한 강연문이었다. 위르겐 몰트만/김균진 옮김, 『신학의 방법과 형식 — 나의 신학 여정』(서울: 대한기독교서회, 2001), 270.

독교인들은 고난 속에 있는 하나님 가운데 있다."37 몰트만은 본회퍼의 이 통찰을 인용하면서, 민중신학자들이 "하나님 없는 세계에서 하나님의 고난"의 장소를 억압과 착취를 당하는 민중 속에 있는 것으로 보았다는 데 이해를 표한다.

그러나 몰트만은 민중의 고난이 그 자체로 속량적 성격을 지닌다는 데 대해서는 공감하지 않으며 집요하게 반론을 제기한다. 민중신학자 또는 민중 교회가 민중과 함께하는 것은 "세계의 화해를 위한 죄를 짊어지기 위하여", 곧 죄를 속량하기 위하여 거기에 있는 것이 아니라 더 이상 고통이 없는 자유의 세계를 향하여 민중과 함께 일어서기 위해 거기에 있다는 것이다. 따라서 하느님만이 감당할 수 있는 속죄의 고난과 극복되어야 할 민중의 고난을 구분하는 것이 타당하다고 본다.38 민중의 고난은 스스로 극복할 수 있는 것이 아니라 하느님의 구

---

37 D. Bonhoeffer, *Widerstand und Ergebung* (München: Kaiser Verlag, 1951), 242, 244, 247; 위르겐 몰트만, 앞의 책, 282에서 재인용.
38 위르겐 몰트만, 『신학의 방법과 형식 — 나의 신학 여정』, 282.

원의 손길에 따라 이뤄져야 할 숙제로 남는다는 것이다. 민중은 세상 죄를 짊어지고자 자임한 바 없고, 설령 그들의 고난으로 세상이 구원 받는다 하더라도 민중 자신의 구원 문제는 남는다는 주장이다. "민중이 세계를 구원해야 한다면, 민중을 구원할 이는 누구인가?"39 이 물음은 바로 그 맥락에서 제기된 것이다.

요컨대 몰트만의 입장은 "예수가 민중이다"는 것은 받아들일 수 있으나 "민중이 예수다"는 것은 받아들일 수 없다는 것이다. 이에 대해 안병무는 "민중을 모르면 예수를 모르고 예수를 모르면 민중을 모른다"고 답한다.40 마치 예수를 다 알고 민중을 다 안다는 듯한 태도라고 일침을 가한 셈이다. 서구 신학 또는 개혁교회의 신학이 서구의 특정한 역사적 맥락에서 형성되었다는 점을 간과하고 그것이 마치 보편 신학이라도 되는 듯이 여기는 서구 신학자의 착각을 질타한 것이다.

몰트만의 이의제기는 구원과 해방 그리고 구원자와

---

39 앞의 책, 280.
40 안병무, 『민중신학 이야기』, 32-33.

구원 대상이라는 이분법에서 벗어나지 않은 서구 신학의 입장에서는 필연적이었을지 모른다. 그 쟁점은 몰트만과의 대화와는 별개로 한국 민중신학자들과 독일 개신교 신학자들 사이의 진지한 대화 가운데서도 핵심 쟁점이 되었다. 이 대화에 참여한 독일 신학자들은 "고난받는 민중이 역사의 주인이 되어야 한다는 주장은 정당"하지만, "민중이 '자기 구원의 주체'라고 말한다면 그것은 의혹을 사게 될 것"이라며 민중 메시아론에 이의를 제기한다.

여기서 독일 신학자들은 역사적 차원에서 '해방'과 신학적 차원에서 '구원'의 의미를 분명히 구별해야 할 필요성을 주장한다. 죄란 단지 지배자의 언어가 아니라 성서적 언어이고, 지배자이든 피지배자이든 모두 하느님으로부터 소외되어 있고 따라서 모두 죄사함과 구원을 필요로 하기 때문이라는 것이다.[41]

이에 대해 민중신학자들은 "역사가 없으면 계시도 없다"는 점을 분명히 하며,[42] 구원 사건에서 주체와 대

---

[41] EMW, "민중신학자들과 독일 신학자들의 대화," 407.

상, 능동성과 수동성의 분리가 허용되지 않는다고 주장한다. 비록 민중이 도덕적·윤리적 관점에서 무죄일 수는 없겠지만, 민중은 자기 초월을 통해 스스로 해방하는 잠재력을 지니고 있고, 실제 역사적 사건 가운데서 해방을 경험하는 것을 숱하게 목격하고 있다고 증언한다. 더불어 독일 신학자들이 죄란 성서의 언어라고 강조한 점에 대해서도, 그 언어는 반드시 현대적 언어로 번역되어야 하고 특히 사회과학적 측면에서 해석되어야 한다는 것을 강조한다. 이때 죄는 민중 억압과 착취로 드러나고, 그것은 곧 권력의 반신적 오용에 해당한다.[43]

임태수는 민중신학의 계승을 표방하고 있음에도 불구하고 민중 메시아론에 대해서는 이의를 제기하였다. 임태수는 메시아와 관련된 신구약 성서 개념의 용례들을 일일이 분석한 끝에 "민중은 메시아가 아니"며 "예수가 메시아다"라고 결론 내린다.[44] 임태수는 예수의 수난

---

42 앞의 글, 418.
43 앞의 글, 421.
44 임태수, "민중은 메시아인가? ― 안병무의 민중 메시아론을 중심으로," 56-78.

이 혼자만의 수난이 아니요 민중의 한 사람으로서 수난 당한 것을 부인할 수 없기에 예수의 수난에서 민중의 수난을 볼 수 있음을 인정한다. 그 점에서 예수와 민중의 수난은 동일성을 지니고 있다. 그러나 예수와 민중 사이에 동일성뿐만 아니라 차별성도 있음을 간과해서는 안 된다는 점을 강조한다. 특별히 예수가 단수가 아니라 복수로서 민중 전체를 의미한다는 안병무의 해석에 이의를 제기하며, 자신이 검토한 성서 용례들 가운데 어떤 전거에서도 그와 같은 논리를 이끌어낼 수 없다고 단언한다.[45]

그러나 민중 메시아론에 대한 임태수의 비판은 안병무의 경우로 한정된다. 특이하게도 임태수는 서남동의 민중 메시아론에 대해서는 그 정당성을 인정한다. 임태수에 따르면, 서남동 역시 "민중이 메시아"라고 말하고 있는 것은 틀림없다. 그러나 서남동이 말하는 민중 메시아론은 예수가 메시아라는 말과는 다르다고 본다. 서남동이 이해하는 예수는 '참 하나님 참 사람', '속죄주', '삼

---

[45] 앞의 글, 77.

위일체의 한 위', '메시아', '주님'인 반면 민중 메시아는 그 예수와 다른 의미에서의 메시아다. 임태수에 따르면, 서남동이 말하는 '민중 메시아'는 존재론적 의미에서 예수와 민중의 '동일함'을 말한 것이 아니고 '동일시'를 말한 것이다. 그래서 서남동은 그 예수와 민중을 구분하기 위해서 "민중이 메시아"라는 말보다는 민중의 '메시아적 성격', '메시아적 기능', '메시아적 역할', '메시아역', '메시아성'이라는 말을 더 자주 쓴다. 이처럼 임태수는 서남동이 예수를 민중과 동일시하면서 또한 구별하는 점을 주목한다.[46] 임태수의 주장이 정당화되려면 안병무의 민중 메시아론은 존재론적 의미에서 민중과 예수의 동일함을 말한 것이 되어야 하는데, 그 주장처럼 과연 민중 메시아론에서 안병무와 서남동 사이에 결정적 차이가 있는지는 의문이다. 하지만 예수와 민중의 동일성과 차별성에 관한 논의는 이어지는 민중 메시아론 논의에서 중요한 쟁점이 된다.

---

46 임태수, "서남동의 예수 이해, 민중 이해에 대한 새로운 고찰," 176-179.

2) 민중 메시아론의 신학적 재구성

민중 메시아론의 핵심을 충분히 공감하면서도 그것을 신학적으로 더욱 가다듬고자 하는 입장(박재순, 권진관)에서는 그 동일성과 차별성이 중요한 쟁점이 되었다. 두 마리의 토끼를 모두 잡으려는 시도라고 해야 할까? 민중 메시아론의 핵심을 놓치지 않으면서도 전통적 신학과 관련하여 일종의 변증을 시도하는 경우이다. 민중 메시아론의 신학적 재구성 시도라고 할 것이다.

박재순은 민중을 메시아와 절대적으로 동일시하면 신학과 신앙이 설 자리가 사라진다는 점에서, 절대적으로 분리시키면 역사적 지평을 상실할 뿐 아니라 성서적 하느님 신앙의 중요한 측면을 놓친다는 점에서, 양자의 적절한 관계 설정이 필요하다고 본다.[47] 민중신학의 민중 메시아론은 그 적절한 관계를 기초로 하고 있지만 충분히 해명되지 않았기에 오해를 불러일으킬 것으로 보

---

47 박재순, "민중 메시아론에 대한 신학적 고찰," 민중신학연구소 편, 『민중은 메시아인가』 (서울: 한울, 1995), 14-15.

고 이에 대한 신학적 변증을 시도한다. 박재순은 그리스-로마의 신인神人 사상의 지평이 아니라 성서의 히브리적 신관의 지평에서 민중 메시아론을 이해하여야 한다는 것을 주장한다.48 이는 달리 말하면 고대 형이상학의 실체(substantia) 개념에서 벗어나 예수운동을 역사적·사건적·관계적·공동체적 개념으로 해석해야 하는 것을 뜻한다.49 그리스-로마의 신인 사상은 동일성을 바탕으로 하지만 사실상 지배층의 신격화로 귀결되는 반면 히브리적 신관은 인간과의 질적 차이를 바탕으로 하지만 민중 가운데 오시는 하느님에 대한 민중 해방사적 지평을 갖고 있다는 점을 강조한다. 예수 사건, 곧 성육신 사건은 밑바닥 민중에게 하느님이 오신 사건이다.50

박재순은 그렇게 민중 메시아론을 변증하면서도, 그것이 오해를 불러일으킨 것은 서남동과 안병무가 구원의 주체로서 민중을 말하였을 뿐 그리스도의 주체성과

---

48 앞의 글, 21.
49 앞의 글, 27.
50 앞의 글, 22.

어떻게 관련되는지 분명하게 언급하지 않은 데서 비롯된다고 보며[51] 그 해결책을 제시한다. 예수 사건과 민중 사건 사이에 역사적 연속성과 동일성만 있고 질적 차이는 없는지 반문하며, "예수 사건의 우위성과 독특성"이 "다른 메시아적 민중사건의 표준과 척도가 되어야 한다"는 것을 그 해결책으로 제시한다.[52] 이 주장은 이미 안병무가 예수 사건이 자신에게 일종의 '원경험'(Urerfahrung)이요 '원계시'(Uroffenbarung)라고 한 것[53]과 상통하는 것으로 보이기는 한다. 하지만 안병무가 일관되게 "민중을 모르면 예수를 모르고 예수를 모르면 민중을 모른다"[54]고 하며 주객도식의 극복을 말했던 맥락에 비추어 볼 때, 예수 사건의 우위성과 독특성이 표준이 되고 척도가 되는 것은 다시금 주객도식의 함정에 빠지는 것으로 보일 수도 있다.

민중 메시아론에 대한 또 다른 변증과 신학적 재구

---

[51] 앞의 글, 24.
[52] 앞의 글, 27.
[53] 안병무, 『민중신학 이야기』, 121.
[54] 앞의 책, 32-33.

성의 시도는 권진관의 경우에서 볼 수 있다. 권진관 역시 박재순과 유사하게 예수와 민중 사이의 연속성과 불연속성을 동시에 봐야 한다는 것을 강조한다.[55] 양자 사이는 역동적·변증법적 관계라는 것이다. 안병무의 경우 양자 간의 의미상의 연속성을 강조한 나머지 불연속성을 약화하는 경향이 있다고 한다.[56] 양자의 관계는 '동일'(identity)의 개념보다는 변증법적 과정으로서 '동일화'(identification)의 맥락에서 파악되어야 한다는 것이다.[57] 권진관은 이를 보충하기 위하여 '상징' 개념을 제시한다.[58] 상징은 대상 그 자체는 아니지만 그것이 매개가 되어 대상이 드러난다. 그 점에서 상징은 긍정과 부정을 동시에 내포하는 변증법적 성격을 지닌다. 바로 그 맥락에서 예수는 민중의 상징이며, 민중은 예수의 상징이 된다. 매끄러운 설명 방식이기는 하지만 사건의 역동

---

55 권진관, "민중의 존재양식과 역사의 구원," 민중신학연구소 편, 앞의 책, 34.
56 앞의 글, 34.
57 앞의 글, 38.
58 권진관, 『예수, 민중의 상징·민중, 예수의 상징』, 64-84.

성 맥락에서 그 의의를 조명하기보다는 대상의 본질을 의식하고 있다는 점에서 실체론적 관념으로 회귀하고 있는 듯한 느낌이다.

3) 민중 메시아론의 형이상학적 기초는 필수적인가?

역시 신학적 재구성의 시도에 해당하지만, 김희헌의 경우 민중 메시아론을 보다 본격적으로 다루고 있기에 이를 별도로 살펴볼 필요가 있다. 김희헌은 민중 메시아론을 민중신학의 "고유하고 탁월한 신학적 세계관"을 담고 있는 요체로 여기며,[59] 이에 대한 본격적 논의를 시도한다.

김희헌은 민중 메시아론의 기초로 여겨지는 안병무의 '사건' 개념과 서남동의 '합류' 개념을 적절하게 해명할 수 있는 신학적 세계관으로서 범재신론(panentheism)을 제시한다. 그야말로 민중신학의 형이상학적 근거를 마련하고 그에 따라 민중 메시아론의 의의를 재조명하

---

[59] 김희헌, 『민중신학과 범재신론 ― 민중신학과 과정신학의 대화』, 64.

고자 하는 야심찬 기획이라 할 만하다.

김희헌은 신학이 하느님과 세계의 관계 방식에 관한 물음으로서 하느님의 초월성과 내재성을 동시에 해명하려는 과제를 지니고 있지만,[60] 실체론적 사고에 매인 신학은 이를 적절히 해명하지 못했다는 것을 지적한다.[61] 여기서 범재신론에 담긴 관계론 철학을 그 대안으로 제시한다.[62] 그리고 그것이 민중 메시아론의 기초가 되는 안병무의 '사건' 개념이나 서남동의 '합류' 개념과도 상통하는 것으로 간주한다. 김희헌은 그 주장을 펼치는 데 조금 더 과감하다. 안병무의 사건의 신학 자체가 범재신론적 사유 구조와 비슷하다고 보고 있다. 그것은 신의 세계 내재를 사건의 구성요소를 보면서도 신을 사건 자체와 동일시하지 않는다는 점에서 그렇다.[63] 서남동의 경우는 그 신학 자체가 범재신론을 바탕으로 한 것으로 여긴다.[64] 민중신학에 이르기 전 과정철학을 탐구

---

60 앞의 책, 179.
61 앞의 책, 182.
62 앞의 책, 185.
63 앞의 책, 201-202.

했던 경향에서는 물론 민중신학으로의 전환 이후에도 그 경향을 부정하지 않았으니 이론의 여지가 없는 것처럼 보인다. 결국 김희헌에 따르면 민중 메시아론을 가능하게 사건의 신학은 물론 합류의 신학이 모두 관계론적인 범재신론 안에서 가장 적절히 해명될 수 있다.65

그러나 민중 메시아론과 직결된 사건의 신학이 과연 범재신론과 어울릴 수 있는지는 다시 검토될 필요가 있어 보인다. 초월과 내재의 관계를 적절하게 해명하는 것으로 '사건'이 갖는 의미를 충분히 해명할 수 있을까? 사건은 일종의 진화론적 과정의 연속에서 해명될 수 있는 것이라기보다는 그 연속 과정의 단절과 비약의 의미를 내포하는 것 아닌가? 그것은 혁명적 단절과 비약, 곧 지속되는 역사의 전환을 이끌어내는 순간으로서 의미를 지닌다. 이에 대해서는 더 깊은 숙고가 필요한 것으로 보인다. "자연 사건의 설명 프레임에 정치적 사건을 담

---

64 앞의 책, 71, 97.
65 앞의 책, 65, 67; 김희헌, 『서남동의 철학』 (서울: 이화여자대학교출판부, 2013), 90.

을 수 있다는"⁶⁶ 인식이 과연 적절한 것인지 따져봐야 할 일이다. 그것은 내가 "예수를 재연하는"⁶⁷ 사건에의 충실성이라는 맥락에서 재고해 봐야 되지 않을까?

김희헌이 강조하는 대로 서남동은 과정신학을 적극적으로 평가하고 수용한 바 있다. 이는 1967년의 논문 "현재적 그리스도"에 나타나 있는 것과 같다. 또한 민중신학으로의 전환 이후에도 스스로 "우주에 대해 범신론적 경향"을 부인하지 않았다.⁶⁸ 그런데 바로 그 문맥에서 그와 구별되는 인간의 역사에 대해 말하고 있는 것은, 우주적·자연사적 과정에 대한 이해와 인간의 역사에 대한 이해 사이의 미묘한 긴장을 스스로 의식했다는 것을 뜻한다. 민중신학으로의 전환 이후 서남동에게서 양자의 관계 문제는 미완의 과제로 남겨진 것으로 보인다.

---

66 강원돈, "서남동 신학을 현재화하려는 두 시각 — 범재신론과 해체주의"(2022년 10월 25일 신안에서 열린 생명 평화 민중신학 학술대회 "신안에서 녹색 신문명을 말하다"에서 발표한 김희헌, "서남동의 신학과 생태문명의 과제"에 대한 논평문).
67 서남동, 『민중신학의 탐구』, 79.
68 앞의 책, 171.

안병무 역시 '우주적 그리스도'와 '민중 그리스도'의 차이를 분명히 하였고, 이 시대의 민중사건을 통한 구원의 맥락에서 민중 그리스도론이 성립한다는 것을 역설하였다.[69] 따라서 그 긴장을 쉽사리 간과해서는 안 된다.

민중 메시아론에 대한 변증과 신학적 재구성의 시도는 확실히 그에 대한 항간의 오해를 불식시키는 데 기여하고 설명력을 높인 것은 분명하다. 그러나 과연 얼마만큼 그 민중 메시아론이 갖는 역동성을 잘 드러내는지는 의문이다. 역사적 지평에서 벌어지는 사건의 의미에 초점을 맞추고 그 신학적 재해석의 가능성을 열어둔 입장[70]보다 더 생산적이라고 할 수 있을까?

형이상학적 근거가 불분명하여 문제가 되기보다 사건을 포착해내는 실천적·신학적 문제의식의 빈곤이 더 문제 아닐까? 형이상학의 얼개가 드러나야만 민중 메시아론의 진수가 분명하게 드러나는 것은 아니다. 오히려

---

69 안병무, 『민중신학 이야기』, 124.
70 이런 입장으로 김진호, "역사의 예수 연구에 대한 해석학적 고찰 및 민중신학의 '사건론'적 전망"; 이상철, "논란의 중심 민중 메시아"를 예로 들 수 있다.

역사의 내재성 안에 있으면서도 그것을 뛰어넘어 역사의 전환을 불러일으키는 사건의 맥락 안에서 그 민중 메시아론은 그 진가를 드러내며 역동성을 띤다. 인간 사회의 갈등과 고통 안에서도 그것을 뛰어넘어 구원의 지평을 열어주는 사건의 전망을 주목할 필요가 있다.

4. 주객 이분법의 극복, 구속사와 일반사의 통합

민중 메시아론은 단순한 사변적 논리의 추론 결과가 아니었다. 역사적 사건에서 드러난 민중의 주체성을 발견하고, 마침내 그 민중이 역사의 주체라는 진실을 깨달은 데서 구체화된 역사적 통찰의 결과였다. 그것은 서남동의 말대로 '역사적 지식'의 결과였다.[71] 그 역사적 지식에 근거하여 신학적으로 통찰한 결과 민중 메시아론이 형성되었다. 그 역사적 지식에 공감한 신학자들이 볼 때 놀랍게도 성서 또한 그 진실을 전하고 있었다. 예수

---

71 서남동, "현재적 그리스도," 『전환시대의 신학』 (서울: 한국신학연구소, 1976), 65-84; 서남동, 『민중신학의 탐구』, 218 이하.

그리스도의 삶과 죽음에서 그리고 그보다 앞선 예표로서 고난받는 하느님의 종에게서 그 진실은 분명하게 드러났다. 뿐만 아니라 성서 전반이 하느님께서 그 백성들의 역사를 통하여 자기를 계시하고 있는 것을 증언하는 것으로 이해되었다.

이러한 신학적 통찰은 오랫동안 그리스도교 신학을 지배해온 이원적 역사관의 극복을 뜻하는 것이었다. 이른바 일반사와 구분되는 구속사를 배타적으로 강조해온 역사관을 벗어난 것이다.[72] 더불어 그 특수한 구속사 안에서 구원의 주체와 대상을 구분하는 관념을 벗어났다. 기왕의 구속사의 특수성에 매여 있는 신학적 입장에서 볼 때 민중 메시아론은 수용하기 어려운 것이었다. 앞에서 말한 바와 같이 그에 대한 반론이 제기되는 것은 그런 면에서 당연한 것이었다. 구속사의 특수성을 강조하는 입장은 결국 그리스도교 왕국의 확장을 통한 세상의 구원으로 귀결될 수밖에 없었다. 이는 지배자의 위치에 선 중세 그리스도교의 역사와 근세 제국주의 국가의

---

[72] 서남동, 『민중신학의 탐구』, 171.

선교 역사를 통해 그 폐해가 확연하게 드러났다. 구원의 주체와 대상을 명확히 가르는 인식은 바로 그와 같은 역사를 통해 뒷받침되었다.

그러나 '하느님의 선교' 신학을 창조적으로 수용한 민중신학은 '사건'과 '합류'의 개념을 통하여 구원의 주체와 대상을 통합하였을 뿐 아니라 이를 통해 구속사와 일반사의 이분법을 넘어섰다. 그것은 종교적 삶과 역사적 삶이 분리되지 않은 인간 삶의 실존에 대한 깊은 통찰의 결과이기도 하며, 성서가 일관되게 증언하는 '역사적 계시'의 성격을 분명하게 확인하는 의미를 지닌다. 이로써 민중신학은 역사의 피안 또는 각 개인의 내면의 세계 안에서 성취되는 구원이 아닌 역사의 현장 안에서 해방을 실현하는 과정으로서 구원의 의미를 분명히 하였다. 그 신학적 통찰은 갈등과 고통의 현실 한복판에서 분투하는 그리스도인들에게 여전히 소중한 영감의 원천이 되고 있다.

6강

부활의 신앙, 살림의 신앙

1. 어떤 부활이냐?

안병무는 부활에 관한 이야기를 시작하면서 한 일화를 소개한다.[1]

어떤 열성적인 목사가 불트만Rudolf Bultmann의 집을 찾아와 방에 들어서자마자 불트만과 그의 학문을 위해 축복기도를 했다. 기도를 마치고 정색하며 물었다. "불트만 교수, 당신은 부활을 믿습니까?" 잠깐 침묵을 지킨 불트만은 반문했다. "어떤 부활 말입니까?" 이에 분개한 목사는 "부활이면 부활이지 어떤 부활이라니요? 당신의

---

1 안병무, 『민중신학 이야기』 (서울: 한국신학연구소, 1987), 331-332.

말은 더 이상 들을 필요가 없소. 방금 내가 당신을 위해 한 축복의 기도는 전부 취소하겠소"라고 뱉으며 문을 박차고 나가버렸다고 한다.

부활에 관해 더 이상 어떤 해석이 필요하지 않다는 것은 흔히 교회에서 그리스도인들이 믿고 있는 부활이 확고하게 규정되어 있다는 것을 뜻한다. "죽은 자가 다시 살아나는 것"이라는 의미에 어떤 해석이 필요하냐는 뜻이다. 이때 부활의 의미는 사체의 소생과 다르지 않다.

과연 그럴까? 부활은 초기 교회에서도 논란이 되었다. 서남동은 부활에 관한 이야기를 하면서 성서가 전하는 부활에 관한 증언을 흥미롭게 풀어 설명한다. 흔히 부활에 관한 증언은 복음서의 기록을 먼저 떠올리지만, 사실은 바울 서신의 기록이 그보다 앞선다. 서남동은 부활에 대해 미심쩍어하는 사람들을 향한 사도 바울의 장황한 변증에 해당하는 고린도전서 15장의 요체를 다음과 같이 풀어 설명한다.

그것은 그렇지 않다. 비유를 하자면 마치 이런 것이다. 콩을 심으면 콩이 땅 속에서 썩는다. 그러나 거기에는 새싹이 새로운 형태로 돋아나고 다시 콩이 열린다. 콩 심는다고 이 사람아, 어디 콩이 튀어나오는가? 새싹이 나오지. 호박 심는다고 호박이 그냥 튀어나오는가? 새싹이 나오지. 조금 크면 호박 심은 데는 호박넝쿨이 자라고 밤을 심은 데는 밤나무가 나온다. 그 씨들은 모두 생긴 모양이 다르다. 그것이 바로 부활의 형태 혹은 형체인데 다 생김새가 달라. 그렇듯이 인간의 차원은 식물의 차원과 다르다니까 부활의 형체가 또 달라. 별들의 영광과 해의 영광이 다르듯이 부활의 형태도 급수에 따라 달라. 자네가 부활을 부정하는 것은 깨 심은 데서 깨가 불쑥 나오기를 바라고 콩 심은 데서 콩이 불쑥 나오기를 기대하니까 그렇지. 인간에게는 눈이 둘이고 코는 하나고 입도 하나인데 부활의 몸도 꼭 눈은 둘이고 코는 하나고 입은 하나이리라고 기대하니까 실망하지 않느냐?[2]

이것은 정반대로 도대체 부활을 미심쩍어하는 사람들을 향한 사도 바울의 해명을 오늘의 우리 언어로 다시 풀어 설명한 경우이다.

---

[2] 서남동, 『민중신학의 탐구』 개정증보판 (서울: 동연, 2018), 317.

부활은 한편으로는 너무나 확고부동하게 실증적 사실로 믿어지고 있지만 또 다른 한편으로는 도대체 납득하기 어려운 걸림돌이 되기도 한다. 민중신학은 그 부활을 어떻게 이해하고 있을까?

2. 죽임을 넘어 살림으로

과연 어떤 부활이냐? 이 물음이 함축하듯 부활은 그저 사체의 소생을 뜻하는 것으로 자명하게 받아들여질 수 없는 어떤 진실을 말하는 것이다. 서남동과 안병무는 공통적으로 '죽음'이 아니라 '죽임'의 현실에서 부활의 의미에 접근한다. 부활은 '사死'가 아니라 '살殺'의 맥락에서 의미를 지닌다. 곧 '죽임을 넘어 살림'을 뜻한다.

1) 영혼불멸과 부활

서남동은 "예수의 부활은 살해된 예수의 부활"[3]이며,

---

3 서남동, 앞의 책, 407.

"부활은 죽임을 당한 자의 부활"[4]이라고 단언한다. "사람이 살다가 죽는다는 것은 생물학적 규정"[5]이며, 죽음은 생명현상 전반의 맥락에서 볼 때 오히려 "전진과 새로움을 위한 하느님의 축복"[6]일 수 있다. "자연사는 하느님의 창조 과정의 기제機制이고 어떤 의미에서 그것은 축복이다".[7] 그러나 "예수의 죽음(死, death)은 단순한 죽음, 곧 자연사가 아니고 의로운 자가 살해(murder)당한 경우다. 그것은 역사적 사실이며, 정치적 사건이다. 이 역사적 사실, 정치적 사건, 곧 예수의 살해당하심이 그 사실 그 사건이 가지고 있는 본구적本具的인 능력으로써 우리의 속죄와 해방을 이루게 하는 것이다."[8] 예수가 죽임당한 사건 가운데 부활의 사건 또한 함축되어 있다는 것이다.

서남동은 그 진실을 해명하기 위해 부활 신앙이 형

---

[4] 서남동, 앞의 책, 408.
[5] 서남동, 앞의 책, 315.
[6] 서남동, 앞의 책, 316.
[7] 서남동, 앞의 책, 407.
[8] 서남동, 앞의 책, 406-407.

성된 역사적 맥락을 주목한다.9 서남동은 인간의 사후^{死後} 운명에 관한 상징으로서 '영혼불멸'과 더불어 '몸의 부활'에 관한 믿음의 기원을 밝힌다. 영혼불멸은 그리스적 상징이고 몸의 부활은 히브리적 상징으로서 모두 그리스도교 전통으로 수용되었다. 서남동은 각기 그 상징이 탄생한 사회사적 맥락, 그의 표현 그대로 하자면 "사회경제사적 역학^{力學}"을 주목한다. 순수이념(이데아)의 초월계와 비실재적인 그림자의 현실계라는 이층 구조^{二層構造}를 가진 그리스 철학의 형이상학에 따르면 사람이 죽으면 영혼의 감옥인 몸을 떠나 이데아에서 영원불멸의 존재가 되는 것으로 이해된다. 이는 노예와 자유인의 이층 구조를 지닌 사회를 반영하고 있다. 반면에 시간적 미래, 역사의 지평^{地坪}을 그 삶의 자리로 삼고 있는 히브리적 전통에서는 미래의 새 시대에 몸 곧 실체적인 인간이 부활하는 것으로 여겨진다. 이는 하느님의 백성이라는 단층 구조의 공동체 내에서 그 사회가 낡아지면 다시 새로워진다는 약속과 희망의 표현이다. 이 부활 신앙은 특

---

9 서남동, 앞의 책, 160 이하.

별히 제국의 지배하에서 분투하였던 시기에 성행한 유대교 묵시문학에서 부각되었다. 바로 그 부활 신앙이 없이는 "의의 싸움을 지속할 수 없는" 역사적 상황 가운데서 구체화되었다.[10] 죽임 당한 이들의 부활이 요청되는 역사적 상황 가운데서 형성된 것이다.

그리스도교는 두 전통을 모두 받아들였지만 역사적으로 영혼불멸의 상징이 사실상 지배적인 것이 되었고, 그것이 몸의 부활 상징마저 흡수해버렸다. 다시 말해 개인의 운명으로서 영혼불멸이 사회적 존재의 운명으로서 몸의 부활을 흡수해버렸다. 저 천국에서 부활하여 영원한 생명을 누리는 것으로 바뀌어버린 것이다. "개인 영혼의 절대적 가치가 보장되는 상징과 이 사회가 낡아지면 새 사회가 와야 한다는 사회갱신에 대한 보장이 병립공존並立共存되어 상호 견제되는 것"이 바람직한데,[11] 그 긴장이 사라져 버린 것이다.

서남동은 이를 일관되게 억설하고 있는 신국神國과 메

---

10 서남동, 앞의 책, 408.
11 서남동, 앞의 책, 161.

시아 왕국의 관계 안에서 다시 설명한다.[12] 신국, 곧 하느님 나라는 본래 타계적^{他界的}인 것이 아니고 "지금 눌린 자들이 상속받고 그 주인공이 될 약속의 새 시대"를 의미하는 것이었는데, 피안적인 신국 관념 안에서 그 성격이 탈락되어버렸다. 이에 따라 신국의 역사 차안적 성격, 곧 사회 변혁의 성격을 되살리는 메시아 왕국 상징이 등장하게 되었고, 부활 신앙은 그 안에서 본래의 혁명성을 회복하게 되었다. 안타깝게도 지배적인 그리스도교 역사 안에서 그 신앙은 이단적 경향으로 취급되었고, 사실상 저 천국에서 영혼불멸이 보장되는 조건으로서 부활로 받아들여졌다. 이로써 본래 부활 신앙의 역동성은 사라지고 말았다.

서남동은 그 부활 신앙의 회복을 역설한다. 먼저 '몸의 부활'이라는 상징이 의미하는 바를 분명히 한다.[13] 부활이 '사체의 소생'(resuscitation)과는 다름에도 불구하고 굳이 '몸의 부활'로 여겨진 까닭이 무엇일까? 서남동은

---

12 서남동, 앞의 책, 161.
13 서남동, 앞의 책, 164 이하.

앞서 인용한 고린도전서 15장의 내용을 따라 사도 바울이 '영적인 몸'을 말한 것을 주목한다. 단순히 육의 소생이 아니라 새로운 몸의 부활을 의미한다는 것이다.[14]

> '몸의 부활'은 지금의 우리가 아직 가보지 못했고 따라서 그 내용을 상상하기도 어려운 전혀 새로운 세계로의 전진이며 새 탄생이다.[15]

몸의 부활은 어떤 역사적 실체를 나타내는 것으로 받아들여야 한다는 의미이다. 그것은 개별적 육체의 소생이 아니라 새로운 역사의 탄생을 뜻한다.

서남동은 그 부활의 몸이 가톨릭에서는 교회로 인식되었으며, 개신교에서는 교회의 케리그마, 곧 말씀으로 인식되었다고 본다.[16] 그러나 부활한 그리스도의 몸으로서 교회관은 교회 절대주의에 빠지고, 말씀으로서의

---

14 안병무는 바울이 말한 '몸'(soma)의 의미를 '육'(sarx)도 아니오 '영'(spirit)도 아니며 '총체적인 인간'을 말하는 것으로 본다. 안병무, 앞의 책, 334.
15 서남동, 앞의 책, 164.
16 서남동, 앞의 책, 165.

부활은 개인 내면의 결단으로 제한되어 역사 변혁적 전망을 상실하였다.[17] 가톨릭교회의 부활 이해는 서양 중세의 봉건 사회를 전제로 하고, 개신교회의 부활 이해는 서양 근대의 자본주의 사회를 그 자리로 삼고 있다. 서남동은 그리스도교의 역사에서 부활 이해 또한 사회경제사적 제약을 받은 것으로 해석한다.

그렇다면 새 역사를 일으키는 민중이 부상하고 있는 오늘의 시대에 제3의 부활 이해 또한 가능하다.[18] "민중이 역사의 주격임을 자각하고 봉기하는 일"은 곧 "예수님의 구원과 해방"과 같은 행적이다. 부활(resurrection)은 곧 봉기(insurrection)와 동일시된다.[19] 서남동은 부활을 나타내는 신약성서의 두 개념(즉, anastasis와 egeiro)이 모두 '일어서다'는 의미로 활용되고 있는 용례를 추적하며 이를 논증하기도 한다.[20] 무엇보다 중요한 것은 복음서, 특히 마가복음서가 전하고 있는 부활 사신이 뜻하는

---

17 서남동, 앞의 책, 165-166.
18 서남동, 앞의 책, 166, 401.
19 서남동, 앞의 책, 411.
20 서남동, 앞의 책, 410-411.

바다. 마가복음서는 부활하신 예수를 민중의 땅 갈릴리에서 만나게 되리라 예고하며 결론을 맺는다. 마가복음은 그렇게 열린 결론(마가 16:8)으로 종결된다.

2) 죽임에서 살림으로

성서학자 안병무는 마가복음의 바로 그 증언을 주목하면서 부활의 의미에 접근한다. 이미 앞서 말한 바와 같이 안병무 역시 부활은 죽임의 맥락에서 의미를 지닌다는 것을 기본적인 바탕으로 하고 있다.

> 문제는 '죽임'이다. 그리스도교는 예수의 죽임당한 사건에서 출발했다.[21]

안병무는 마가복음이 사실상 16:8로 열린 결론을 맺고 있는 것을 의미심장하게 해석한다. 권위를 인정받는

---

21 안병무, "살림운동은 죽임의 세력과의 투쟁이다," 『그래도 다시 낙원에로 환원시키지 않았다』 (천안: 한국신학연구소, 1995), 260.

대다수 고대 사본은 8절에서 끝난다. 이후 부활한 예수의 현시와 승천을 전하는 구절(9-20)은 후대에 첨가된 것으로 간주된다. 여인들이 무덤을 찾아갔을 때 한 청년이 말하기를 "예수께서 말씀하신 대로 갈릴리로 먼저 가실 것이니 거기서 예수를 뵐 것"이라고 한 것으로 마가복음은 종결되었다. 부활한 예수의 현시 장면이 없다. 안병무는 마가복음의 저자가 "부활 사건을 어떤 시점에서 종지부를 찍어서는 안 된다는 사실을 알리려는 목적"으로 그와 같은 서술법을 썼다고 본다.22

그러나 마가복음은 매우 분명한 메시지를 전한다. 갈릴리에서 다시 만나자는 약속이다(마가 14:28). 부활 현시 장면 대신에 그 약속을 분명히 환기한다. 갈릴리가 어째서 다시 만날 장소가 되었을까? 그 까닭은 간단하다. 갈릴리가 "예수의 공생애 활동의 현장이고 민중과 더불어 산 장소"이기 때문이다.23 마가복음은 열린 결론을 통해 갈릴리 민중들에게 일어난 놀라운 사건의 진실

---

22 안병무, 『민중신학 이야기』, 335-336.
23 안병무, 『민중신학 이야기』, 336.

을 독자의 상상력에 맡기는 서술 방식을 취하였다고 안병무는 해석한다. 그 사건은 "결코 주객도식으로 설명될 수 없는 사건"으로서 "죽은 예수의 부활 사건과 그들의 부활이 분리되지 않고 동시에 일어난 사건"이라고 설명할 때 훨씬 더 현실감 있는 것이었다.

> 갈릴래아에서 부활의 사건이 일어났습니다! 절망에서 희망으로, 비겁에서 용기로, 소외된 자의 의식에서 역사의 주체라는 의식으로의 일대 전환이 일어나는 엄청난 사건이 발생하였습니다.

> 저들은 예수의 죽음에서 자기들의 죽음을 경험했고 그의 아픔이 자기들의 아픔임을 경험했으며 이 죽음이 우연이 아니라 필연이라는 확신을 가졌습니다. 이 신념과 부활의 확신이 결코 분리되지 않습니다.[24]

---

24 안병무, 『민중신학 이야기』, 336-337. 안병무는 이러한 인식이 가능하게 된 배경으로 이사야 53장이 전하는 고난의 종 이야기를 주목한다. 안병무, 『갈릴래아의 예수』(천안: 한국신학연구소, 1990), 281 이하.

안병무는 누가가 전하는 성령강림절 사건(사도 2장)에 관한 증언이 그 부활 사건이 확장되고 지속되고 있는 양상을 전하는 것으로 본다. "보시오, 말하고 있는 이 사람들은 모두 갈릴리 사람이 아니오? 그런데 우리 모두가 저마다 태어난 지방의 말로 듣고 있으니, 어찌된 일이오?"(사도 2:7-8) 예수의 죽음에 직면하여 뿔뿔이 흩어졌던 이들이 그 좌절을 딛고 일어서 새 역사의 주체로 등장한 사건이 곧 부활 사건이다.[25] 그 사건은 화산맥이 폭발하듯 역사 가운데서 지속적으로 재현된다.

> 자기 초월의 사건 속에 예수가 자신을 나타낸다고 하는 나의 이러한 입장이 양해된다면, 예수의 부활 사건은 역사 속에서 계속 일어나고 있는 것 아닐까요? 이 순간에도 말입니다. 자기 초월의 사건은 특히 민중 속에서 계속 일어나고 있습니다.[26]

---

25 안병무, 『민중신학 이야기』, 337.
26 안병무, 『민중신학 이야기』, 338.

3) 일어서는 민중, 오늘의 부활 사건

부활 사건은 유일회唯一回의 사건이 아니다. 또한 저 천국에서의 영원한 삶을 뜻하는 것도 아니다. 오늘의 역사 속에 민중들 가운데서 끊임없이 일어나는 사건이다.

> 예수의 부활은 갈릴리 민중의 부활, 3.1운동, 4.19의거 그리고 한국교회의 사회선교, 또 전태일의 부활, 평화시장 노동자의 부활로 현장화·현실화·구체화되어서 비로소 우리는 '예수의 부활의 증인'이 된다.[27]

> 우리는 이것이 교회 밖에서 일어나는 사건으로 관망하는 것이 아니라 바로 이 같은 민중사건에서 예수의 부활 사건이 계속되고 있음을 증언하는 것이야말로 민중신학자의 사명이라 알고 있습니다. … 이러한 사건은 한국에서만이 아니며 세계 도처에서 일어나고 있습니다. 이런 부활 사건을 외면한 설교나 선교는 아무런 의미도 없다고 나는 단언합니다.[28]

---

27 서남동, 앞의 책, 26.

3. 오늘의 시대정신과 부활 신앙의 회복

"5강. 민중 메시아론"을 생각하는 가운데서도 확인하였듯이, 부활 신앙에 관한 민중신학의 이해에서도 역시 기존 그리스도교 신학의 이원적 역사 이해를 넘어서고 있는 민중신학의 성격을 확인할 수 있다. 민중신학에서 일반사와 구별되는 구속사의 배타성은 용인되지 않는다. 민중신학은 역사 한 가운데서 일어나는 민중사건 가운데서 부활 사건의 의미를 발견하고 증언한다. 일반사 자체를 구속사적 관점에서 재해석하고 있는 것이다.

종종 민중신학을 향하여 제기되는 물음이 있다. 그렇다면 굳이 그리스도교 신학이어야 할 까닭이 있느냐는 물음이다. 서남동은 '기독교 시대 이후'를 역설했거니와[29] 민중신학을 '탈신학', '반신학'이라 말했을[30] 뿐 아니라 '세속적 그리스도'[31]를 이야기했고, 아예 오늘의 신

---

28 안병무, 앞의 책, 346.
29 서남동, 앞의 책, 26.
30 안병무, 앞의 책, 384 이하.
31 서남동, 『전환시대의 신학』 (서울: 한국신학연구소, 1976), 78.

학이 "교회 신학이 아닌 정치와 세계의 신학"이라고까지 했던[32] 만큼 충분히 있을 수 있는 물음이다.

성서학자였던 만큼 항간의 그 물음으로부터 상대적으로 덜 부담을 느꼈을 법한 안병무 역시 사실은 늘 그 물음을 의식하지 않을 수 없었다. 안병무는 이에 대해 이렇게 말한 적이 있다. "예수의 사건을 통해서 나는 모든 것을 다시 보게 되었는데 이것이 나의 새로운 탄생이라고 생각합니다. 이것이 나의 원경험(Urerfahrung)이고 원계시(Uroffenbarung)라고 할 수 있어요. 나는 이것을 떠날 수 없어요."[33] 이는 민중을 통해 예수를 더 잘 알게 된 동시에 예수를 통해 민중을 더 잘 알게 되었다는 그의 평소 지론과 상통한다.[34] "그리스도를 몰랐다면 저도 민중 현장에서 그리스도가 현존한다는 것을 증언할 수 없었을 거예요."[35]

안병무는 서남동의 입장에 대해서도 "본회퍼 이후의

---

32 서남동, 『민중신학의 탐구』, 25.
33 안병무, 앞의 책, 121.
34 안병무, 앞의 책, 33-35.
35 안병무, 앞의 책, 122.

일부 주장에 동의했는지는 몰라"도 그리스도교의 특수성을 강조하는 것이 너무 쉽사리 기존의 신학으로 회귀해버리는 염려를 안고 있었을 것으로 헤아리며, 둘 사이에 "본질적으로 차이가 있다고 생각하지는 않는다"고 하였다.36 어떤 사안에 대한 문제의식을 첨예화하는 경향을 보여준 서남동의 경우 기존의 신학적 문법을 벗어난다는 의미에서 '탈신학', '반신학'을 말했지만, 그의 민중신학은 실제로 매우 풍요로운 그리스도교 신학 전통과의 소통 가운데서 펼쳐졌다.

요컨대 민중신학은 당대의 시대정신을 첨예화한 성격을 드러내고 있지만, 그것이 전적으로 그리스도교 신학 전통을 배제해버린 것은 아니다. 오히려 그 풍요로운 신학 전통을 자양분으로 삼으면서도 시대정신에 투철했던 성격을 지니고 있다고 할 것이다. 부활 신앙에 대한 이해 역시 그 시대정신으로 재조명하는 가운데 오히려 본래 성서가 증언하는 부활 사건의 성격을 회복한 것이다.

---

36 안병무, 앞의 책, 122.

7강

민중사건과 교회 공동체

1. 민중신학의 교회론은 불가한가?

민중신학으로는 상대적인 삶의 현실에서 어떤 대안을 추구하는 형성의 윤리가 불가능하다는 의견이 종종 제기된다.[1] 그것은 '반신학' 내지는 '탈신학'으로서 민중신학의 성격 때문이다. '반신학' 내지는 '탈신학'으로서 민중신학은 현실의 질서 및 체제에 대해 종말론적 관점에서 급진적인 비판을 지향하는 성격을 지니고 있다. 민

---

[1] Christine Lienemann-Perrin, "교회의 정치적 책임 ― 한국 민중신학과 남아프리카 정치신학의 비교," 안병무박사고희기념논문집출판위원회 편, 『예수·민중·민족』(서울: 한국신학연구소, 1992), 812.

중신학으로는 '형성의 윤리'가 불가능하다는 견해는 민중신학의 바로 그와 같은 성격에 근거하고 있다.

같은 맥락에서 민중신학에는 교회론이 없다거나 민중신학으로는 교회가 불가능하다는 의견 또한 제기된다. 안병무는 '사건으로서 교회'를 말했고,[2] 서남동은 "성령의 인도에 따라 사건으로 발생하고, 일어날 때 일어나고 꺼질 때 꺼지며 보이는 형태가 없고 자발적으로 명멸하"는 '성령의 교회', '민중의 교회'를 말했다.[3] 그런만큼 그 견해 역시 타당한 것처럼 보인다. 이와 같은 정의에 따르면, 기존의 제도적 교회는 물론 현실적인 공동체적 실체로서 교회의 속성 또한 부정되고 있는 것처럼 보이기 때문이다.

2. 역사적으로 구체적인 현실에서 대안을 제시하는 민중신학

그러나 과연 민중신학의 입장에서 대안을 추구하는

---

[2] 안병무, 『민중신학 이야기』 (서울: 한국신학연구소, 1987), 160.
[3] 서남동, 『민중신학의 탐구』 개정증보판 (서울: 동연, 2018), 189.

형성의 윤리가 불가능할까? 더불어 과연 민중신학으로는 대안적 교회의 형성이 불가능할까?

민중신학의 입장에서 대안을 추구하는 형성의 윤리가 불가능하다는 견해나 민중신학으로는 대안적 교회의 형성이 불가능하다는 견해는 민중신학에 대한 피상적 이해에서 비롯되는 단견에 불과하다. 특별히 민중신학에 대한 서구 신학자들의 그와 같은 견해는 그들이 접할 수 있는 민중신학의 텍스트가 매우 제한되어 있는 데서 비롯된다.

민중신학이 종말론적 전망 안에서 현실의 체제를 철저하게 상대화하는 급진적인 성격을 지니고 있는 것은 사실이지만, 민중신학이 현실의 체제를 비판할 때 그것은 역사적 맥락 안에서의 구체적인 성격을 띠고 있다. 예컨대 그것은 칼 바르트Karl Barth의 신학에서처럼 인간의 일반적 현실을 총체적으로 비판함과 아울러 그와 접촉점이 없는 하느님의 실재를 대비하는 것과는 다르다. 역사적으로 구체적인 성격을 띠고 있다는 것은 비판 대상이 되는 현실을 빚어내는 사회적 관계에 주목하고 있다는 것을 뜻한다. 억압받는 민중을 발견하고 그 현실에 주목한 사실 자체가 지배자와 피지배자의 대립 관계를 형성하고 있는 사회적 관계에 주목하고 있다는 것을 말한다. 그런 만큼 그 현실에 대한 비판은 민중의 시좌에서 기존 질서와 체제를 문제시하고 따라서 동시에 그 시좌에서의 대안 모색과 깊이 관련되어 있을 수밖에 없다.

민중신학은 종말론적 궁극적 지평을 확보하면서도 구체적인 현실에 대한 대안의 가능성을 제시하고 있다는 점에서 형성의 윤리를 확립하는 신학적 근거로서 성격을 충분히 확보하고 있다. 요컨대 민중신학의 입장에서 현존하는 체제에 대한 철저한 비판은 물론 그 비판을 넘어 대안을 추구하는 논의와 실천적 시도는 충분히 가능한 일이다.

민중신학이 형성의 윤리를 가능하게 하는 신학적 근거가 된다고 할 때, 주목해야 할 중요한 특징은 다음과 같은 세 가지로 집약할 수 있다. 1) 민중신학은 민중의 관점에서 성서와 역사를 해석하고자 하는 자기 이해를 스스로 밝힘으로써 역사적 과정에서 형성된 신학적 가치들을 다루는 스스로의 입지점과 방법을 갖고 있다. 2) 민중신학은 신학적 인식과 사회과학적 현실 분석의 결합의 필요성을 인식함으로써 역사적·사회적 현실을 평가하고 대안을 제시하는 방법을 신학의 내적 논리로 삼고 있다. 3) 나아가 민중신학은 현실에서 전개된 실천과정에 함께 하고, 현실의 문제들에 대한 대안을 제시함으로써 역사적·사회적으로 형성된 다른 가치들과 소통하는 능력을 지니고 있다.[4]

민중신학의 이와 같은 특성들은 구체적인 사회 현실에서 대안을 추구하는 형성의 윤리를 가능하게 하는 요소들이다. 민중신학의 그와 같은 성격은 세대를 이어가며 발전하는 가운데 분명하게 드러났을 뿐 아니라 이미 1세대 민중신학에서부터 내장하고 있었다.

3. 종말 의식을 회복한 민중의 공동체로서 교회

교회에 대한 견해에서 서남동은 궁극적인 종말론적 차원과 상대적인 현실적 대안의 차원을 긴장 관계 속에

---

4 이에 대해서는 최형묵, 『한국 근대화에 대한 기독교윤리적 평가 — 산업화와 민주화의 모순관계에 주목하다』 (서울: 한울, 2015), 69-72 참조.

서 보는 일관된 입장을 보이고 있다. 이는 역사 초월적인 신국과 역사 차안적인 천년왕국의 표상을 구분해 보는 것과 맥락을 같이한다.

서남동은 한국 민중신학의 과제를 "기독교의 민중 전통과 한국의 민중 전통이 현재 한국교회의 '신의 선교' 활동에서 합류되고 있는 것을 증언하는 것"이라고 밝힘으로써 민중신학의 성격을 분명히 했다. 여기서 서남동은 "두 이야기의 합류"의 주체로서 '한국교회' 내지는 '한국 그리스도인'을 지목하였다.[5] 물론 여기서 말하는 교회와 그리스도인은 기존의 제도적 교회와 고립된 집단으로서의 그리스도인을 말하는 것이 아니다. 서남동은 앞서 언급한 바와 같이 교회와 관련하여 급진적인 발상을 펼쳤다. 새로운 '민중의 교회'는 '현장의 사건'일 뿐이라고 하였는가[6] 하면, '성령의 교회'로서 그 교회는 "성령의 인도에 따라 사건으로 발생하고, 일어날 때 일어나고 꺼질 때 꺼지며 보이는 형태가 없고 자발적으로 명멸

---

5 서남동, 앞의 책, 51, 101.
6 서남동, 앞의 책, 383.

하면서 이 속(俗) 기독교 시대에 '하느님의 선교'를 수행"한다고 보았다. 이 정의에 따를 것 같으면, 성령의 교회이자 동시에 민중의 교회는 역사적으로 현존한 어떤 형태의 교회와도 동일시되지 않는다. 그야말로 형태가 없이 자발적으로 명멸하는 가운데 일련의 운동으로서 지속할 뿐이며 사건 가운데 체감될 뿐이다. 이러한 정의에서 기존의 교회는 설 자리를 잃는다.

민중신학에 교회론이 없다고 말하거나 민중신학으로는 교회가 불가능하다고 말하는 것은 바로 이와 같은 정의에 비춰볼 때 일리가 있는 것처럼 보인다. 바로 이러한 견해에서 전제된 '교회'는 그것이 꼭 기존의 제도적 교회를 뜻하지 않는다 할지라도 모종의 역사적 실체로서 구체적 형태를 띤 교회를 말하는 것임에 틀림 없다. 말하자면 전통적으로 교회에 대한 이해에서 '하느님의 백성으로서 비가시적 교회'의 본질과 '사회적 실체로서 가시적 교회'의 속성을 대비시켜왔거니와 그 구분 도식에 입각해 볼 때 하나의 사회적 실체로서 가시적 교회를 말한다고 할 수 있다.

서남동은 과연 그와 같은 구체적인 사회적 실체로서

교회에 대한 전망을 포기하였을까? 서남동은 '성령의 교회'이자 '민중의 교회'를 말할 때, 그 교회를 "가톨릭, 프로테스탄트에 다음 가는 교회의 제3의 형태"라고 정의하였다. 이 사실은 기왕에 존재하지 않은 교회를 강조하는 의미를 지니기도 하지만, 동시에 역사적 형태로서 새롭게 등장하는 교회에 대한 전망을 강조하는 의미를 지니기도 한다. 더욱이 서남동은 이미 당대에 존재하는 제3의 교회의 존재들을 구체적으로 언급하기까지 하였다. 서남동은 1970년대 한국의 인권운동과 민주화운동에 주요한 몫을 담당하여 왔던 구체적 모임이나 활동, 기관 등을 '현장 교회'라 하며, 구체적으로 가톨릭농민회, 도시산업선교회, 금요기도회, 목요기도회, 갈릴리교회, 기독교사회문제연구원, NCC 인권위원회, KSCF, 기독자교수협의회 등을 그 실례로 언급하였다.[7] 이것은 '교회'의 개념에 대한 재해석이자 동시에 역사 속에서의 새로운 '그리스도인의 현존 방식'을 말하는 것으로서, 구체적인 사회적 실체로서 새로운 교회에 대한 전망을 함

---

7 서남동, 앞의 책, 189.

축한다.

안병무는 오늘의 교회가 '종말 의식'을 상실했다고 지적하면서 예수 사건 또는 민중사건에 동참하는 공동체로서 교회의 성격을 강조하였다.[8] 안병무에 따르면, 예수는 교회를 원하지 않았다. 이 땅에 하느님 나라를 구현하고자 하였지 특수한 공동체로서 교회를 구상한 것이 아니었다는 것이다. 특히 복음서, 그 가운데서 마가복음서가 제도화되어 가는 교회에 대한 비판적 의식을 갖고 있었다는 것을 주목한다. 의식화儀式化, 교권 구조의 형성, 제도를 유지하기 위한 규율의 형성 등이 문제였다. 그러나 역사적으로 형성된 교회의 불가피성을 부정하지 않으며, 다만 종말 의식을 지닌 교회의 회복을 강조한다. "교회는 하느님 나라 도래라는 천지개벽에 참여한 공동체"라는 것을 강조한다. 그리고 그 원형을 예수의 '밥상공동체'에서 찾고 있다.

안병무는 교회의 역사와 현실을 절서하게 비판하였지만, 그의 삶에서 교회는 언제나 중요한 과제였다. 향

---

[8] 안병무, 『민중신학 이야기』 (서울: 한국신학연구소, 1987), 156 이하.

린교회와 한백교회의 탄생과 형성을 직접 주도하였고, 여러 대안적 공동체들에 깊은 관심을 기울였다. 그의 신학에 영감을 받아 탄생한 교회들까지 포함하면 그 영향력의 범위는 더욱 넓어진다.

4. 민중신학에 기초한 교회

만약 민중신학의 입장에서 오늘 교회의 대안을 모색하는 것이 불가능하다면, 그것은 민중신학 자체의 빈곤 때문이 아니라 민중신학의 유산을 이어받은 주체들의 실천적 빈곤 때문이라 해야 할 것이다. 한편에서는 민중신학 교회론의 빈곤이 지속적으로 운위되고 있음에도 불구하고, 다른 한편으로 민중신학에 기초한 교회의 전통 또한 지속되고 있다.

민중신학은 바로 이른바 한국적 근대화를 형성한 사회와 교회에 저항하며 대안을 추구해왔다. 그런 만큼 현실의 교회에도 중대한 영향을 끼쳤다. 한국적 근대화의 과정에서 교회는 두 갈래의 길로 나뉘었다.9 한국적 근대화에 대한 적응의 길을 택한 성장주도형 교회 그리고 대응의 길을 택한 변혁지향형 교회로 나뉜다. 후자의 교회는 상당 부분 민중신학과의 교감을 바탕으로 하였다. 민주화와 인권운동에 적극적으로 참여한 교회의 길이다. 1987년 민주화항쟁 이후 그 교회의 영향력이 상대적으로 축소되기는 하였지만 한국적 근대화에 대한 성찰의 계기를 형성한 교회로서 그 전통은 지속되고 있다. 민중신학과 보다 직접적인 관련성을 지닌 교회를 꼽자면 1980년대에 전면 부상한 민중교회와 1990년대 이후 등장한 대안적 교회를 꼽을 수 있을 것이다.

1980년 광주항쟁 이후 교회 안의 뚜렷한 현상 가운데 하나는 민중교회의 본격적 등장이었다. 1970년대 이래로 민중에 대한 인식이 심화되어 왔지만 1980년 광주항쟁은 민중이 역사의 전면에 부상하는 계기였다. 단적으로 말해 민중은 '선언적 주체'에서 '실질적 주체'로 부상하였다. 광주항쟁을 계기로 민중이 실질적 주체로 부상했다는 것은 이후 민중운동의 양상 자체가 달라졌다

---

9 이에 대해서는 최형묵, 『한국 기독교의 두 갈래 길』 (서울: 이야기쟁이낙타, 2009) 참조.

는 것을 뜻한다. 민중이 주체적으로 조직화되어 갔다. 교회의 민중 선교 또한 달라질 수밖에 없었다. 그간 교회는 농민과 노동자 및 도시빈민 등 기층민중의 운동을 지원하는 역할을 맡아왔다. 예컨대 도시산업선교회 등은 노동운동의 성장에 크게 기여했다. 하지만 놀랍게도 그 지원 활동은 이른바 '경제적 노동조합주의'의 범주에 머물러 있었고, 그것이 함축하는 바는 산업 평화와 생산성을 연계시키려 하였던 국가 엘리트들이 지향하는 바와 일치하는 것이었다.10 그 한계를 벗어나 민중이 주체적으로 조직화되어 가는 운동의 교회적 형태가 바로 민중교회였다.11

민중교회는 이미 1970년대부터 있어 왔지만, 대략 1984년 이후 급증한 양상을 띠었다가 1988년을 지나면서 감소하여 1992년경부터는 정체하는 양상을 띠었다.12 그 추이가 갖는 의미에 대해서는 별도의 검토 과제

---

10 최장집, 『한국의 노동운동과 국가』 (서울: 나남출판, 1997), 99-100.
11 한국신학연구소 학술부, "민중교회의 현장과 활동," 「신학사상」 63(1988, 겨울), 781; 최종철, "'민중교회'의 변화에 대한 사회학적 고찰," 「경제와사회」 24(1994. 7), 177.

이기는 하지만, 여기서 분명히 확인할 수 있는 것은 광주항쟁 직후 한국 민중운동이 절정에 이른 것과 민중교회가 본격적으로 등장한 시기가 일치한다는 점이다. 그것은 민중운동의 전환과 교회의 민중 선교의 전환이 일치한다는 것을 보여주고 있으며, 동시에 그 운동과 직결된 민중신학이 본격적으로 펼쳐진 상황과 상응한다.

한편 민중교회의 전통을 이어받으면서도 또 다른 성격을 띤 교회들의 운동도 나타났다. '민중신학에 토대한 교회'로도 불리는 이 교회들의 등장은[13] 1987년 민주화항쟁 이후 사회적 민주화의 진전에 비해 오히려 역행하는 교회 현실에 대한 비판적 성찰로부터 비롯되었다.[14] 이 교회는 한편으로는 이미 1980년대에 등장한 민중교회의 맥을 잇는 성격을 지니고 있다. 하지만 다른 한편

---

12 최종철, "'민중교회'의 변화에 대한 사회학적 고찰," 183; 안수경, "민중교회의 현황과 인식조사(I)," 「기독교사상」 427(1994. 7), 261.
13 김경호, "민중신학에 토대한 교회," 「시대와민중신학」 2(1995), 39-54; 김진호, "'운동의 신학'에서 '고통의 신학'으로 — 포스트 '1987년 체제'의 신학," 『민중신학, 고통의 시대를 읽다』 (왜관: 분도출판사, 2018), 341.
14 최형묵, 『한국 기독교의 두 갈래 길』, 46-48.

으로는 교회 규모와 상관없이 현실적 사회제도와 부합하는 형태로 제도화된 교회를 보다 근본적으로 문제시하며 대안적 교회상을 추구한다는 점에서 1980년대 민중교회보다 진일보한 성격을 지니고 있다. 특별히 교회 안팎으로 철저한 민주주의를 지향하고 그 구성원의 주체화를 지향한다는 점에서 그 성격이 두드러진다.

물론 전체 한국 그리스도교 안에서 그 비율이 높다고 할 수는 없지만, 이른바 '에큐메니칼' 진영과 '복음주의' 진영 등 한국 그리스도교의 여러 진영에서 대안 모형을 추구하는 교회들이 등장하여 수렴되고 있는 현상은 매우 주목할 만하다. 이 교회는 매우 뚜렷하게 사회와 교회의 변혁을 지향하고, 변혁을 지향하는 사회적 세력들과의 소통을 중시하는 특성을 보이고 있다. 교회 자체의 대형화를 원천적으로 거부하고 공동체적 친밀성을 교회 안팎으로 지향하고 있는 것 또한 이 교회의 중요한 특성이다. 최근 민중신학은 이러한 교회들 안에서 활력을 보여주고 있다는 것 또한 특기할 만하다.

민중신학의 전망

8강

민중신학의 계보학

1. 민중신학 세대론

민중신학의 역사와 그 유형을 이해하는 한 방법으로 '세대론'이 널리 통용되고 있다. 엄밀히 말해 '신학자들'이 아닌 '신학의 경향'을 분류하는 이 세대론은 민중신학의 연속성과 차별성을 분별해주는 유용한 방편이다.[1] 흔히 1970년대의 반독재 민주화운동의 상황에서 전개

---

[1] 최형묵, "그리스도교 민중운동에서 본 민중신학," 「신학사상」 69(1990, 여름), 326; 김진호, "'운동의 신학'에서 '고통의 신학'으로: 포스트-'1987년 체제'의 민중신학," 이정희 외, 『민중신학, 고통의 시대를 읽다』(왜관: 분도출판사, 2018), 322.

된 민중신학을 1세대 민중신학이라 하고, 1980년대 변혁적 민중운동의 상황에서 전개된 민중신학을 2세대 민중신학이라 하고, 1990년대 이후 민중신학을 3세대 민중신학이라 한다.

1세대 민중신학은, 1960~70년대 돌진적 근대화 과정에서 소외된 민중의 발견에서 촉발되었다. 1970년 전태일 사건의 충격과 더불어 그리스도교 신학은 자신의 시좌를 새롭게 설정한다. '민중사건'을 증언하려는 신학은 한국의 근대화에 대한 근본적 성찰과 더불어 그 사건을 증언하기에는 부적합한 이전의 그리스도교와 신학 전통에 대해 비판적으로 성찰하였다. 서구적 합리성에 기초한 지배적 담론에 대한 저항으로서 당시의 민중신학은 예언자적 통찰에 가까웠다. 그것은 민중신학자들 스스로의 표현처럼 '증언의 신학'이었으며 '반신학', '탈신학'이었다.

1980년 광주민중항쟁과 더불어 2세대 민중신학이 전개된다. 1980년대는 한국적 근대화의 대안으로 반자본주의적 전략과 미국에 대한 새로운 인식과 더불어 민족 해방 전략이 전면에 부상하였고, 급진적인 학생운동의 폭발적 성장 및 노동자 계급운동의 형성과 더불어 대안적 이념으로서 마르크스주의의 수용이 본격화되었다. 이 시기의 민중신학은 민중운동과의 연대를 중요한 과제로 설정하고 그 연대를 위한 대안적 이론 모색에 치중하였다. 정치경제학적 인식과 신학적 인식을 결합한 "물(物)의 신학"이 형성된 것은 그 결과였다. 마르크스주의 정치경제학에 접근한 2세대 민중신학은 1세대 민중신학의 다양한 가능성을 협애(狹隘)화시킨 것처럼 보이기도 했지만, 그것은 당대의 시대 인식을 적극적으로 수용한 불가피한 결과였다.

현실 사회주의의 몰락과 지구화로 특징지워진 1990년대 이후 역사적 지평은 3세대 민중신학을 태동시킨 배경이 된다. 국가 내지는 민족을 중심으로 하는 근대적 경계화가 해체되는 가운데, 보다 다양하고 정교한 지배의 양식을 구현하고 있는 지구화의 현실은 새로운 해방 전략을 요구하였다. 3세대 민중신학은 그러한 현실에 대응하여 정치경제학적 인식을 보완하는 인식 틀로 문화정치학적 인식을 수용한다. 아울러 거대 담론과 미시 담론의 통합을 추구하고 권력의 다양한 지배 양식에 주목하여 민중신학의 권력 해체적 특성을 강조한다. 특별히 근래에는 이른바 신자유주의 시대 민중의 고통을 주목하고 이에 대한 신학적 성찰을 시도하는 경향이 두드러진다.

그렇다면 4세대 민중신학의 전망은 어떻게 될까?[2] 3세대의 문제의식이 장기 지속되는(?) 까닭에 뚜렷이 대별되는 그 다음 세대의 경향이 부상하지는 않고 있다고 해야 할까? 신학자 후속 세대가 없다는 뜻이 아니라 그 이전 세대의 신학적 경향과 뚜렷이 구별되는 경향의 특징을 꼭 집어 말하기 어렵다는 뜻이다. 과연 어떤 것이 결정적인 전환의 계기가 될 것인가? 한반도적 상황에서 보자면 평화 체제의 형성과 더불어 전환이 이뤄질까? 아니면 대량생산과 대량소비의 자본주의적 폐해로 나타난 기후 위기와 코로나19 팬데믹의 상황에서 사회적 정의와 생태적 정의를 결합한 새로운 전망과 관련하여 결정적 전환이 이뤄질까? 앞에서 살짝 언급했지만 사회

---

2 김진호, 앞의 글, 321-342; 정용택, "다시, 민중신학의 세대론적 전개를 위하여,"「교수신문」2022. 4. 13. https://www.kyosu.net/news/articleView.html? idxno=87311.

적 고통에 대한 신학적 성찰이 3세대적 문제의식의 확장에 해당할까, 아니면 그와 구별되는 경향을 나타내는 특징이 될까? 이에 대해서는 그 귀추(歸趨)를 주목해볼 필요가 있을 것 같다.

이상과 같이 탈 서구 신학 기획으로서 '반신학' 내지는 '탈신학'의 계보를 형성하고 있는 세대별 민중신학은 한국 사회의 위기에 대한 개입 언어로서 신학의 성격을 분명히 하고 있다.

2. 민중신학의 여러 경향

그러나 그 세대별 구분법으로 포괄되지 않는 다양한 민중신학'들' 또한 있다. 예컨대 세대별 구분 범주에 들지는 않으나 반신학의 계보로 분류할 수 있는 민중여성신학 및 민중종교신학 등이 있다.

'민중 가운데 민중'으로 일컬어지는 여성의 시각을 강조하는 여성민중신학은 가부장적 텍스트로서 성서 자체의 재구성까지 주장하는 급진성을 띠고 있다. 민중종교신학은 흔히 '토착화신학'이라 일컬어진 신학의 전통에서 급진화된 한 갈래로서 종교 간 대화의 근거를 민중 해방 사건에 두고 있다. 대개의 종교 간 대화의 신학 모형이 선교론적 차원에 머물러 사실상 오리엔탈리즘의 한계 안에 있는 반면 민중종교신학은 창조적 한국 신학으로서 민중신학과 궤를 같이한다고 할 수 있다.[3]

이와 같은 '반신학'의 계보와 대별되는 또 다른 민중신학의 경향으로 '신학적 재구성' 시도 또한 있다. 반신학의 계보로 이어지는 민중신학과 달리 '신학적 재구성'의 시도는 신학의 장으로서 교회를 강조함과 아울러 전통적 신학과의 대화를 중시한다. 이러한 '신학적 재구성'의 시도는 서구 신학과의 차별화 전략을 취하는 경향과 동일화의 전략을 취하는 경향으로 다시 나뉜다. 차별화 전략은 사실상 서구 신학의 주요 교의들을 전제하면서도 한국의 전통에서 재발견된 가치들의 의미를 재조명하려는 방식으로, 동일화의 전략은 서구 신학의 교의에 비춰 민중신학을 순화하려는 방식으로 나타나고 있다.

---

3 이에 대해서는 최형묵, "민중신학이 바라보는 문화신학,"「농촌과목회」 89 (2021, 봄) 참조.

그 경향들이 여전히 민중신학인 것은 스스로 민중신학의 유산을 폐기하지 않는다는 전제를 명시적으로 내세우기 때문이다.

또 한편으로 오늘 민중신학의 여러 갈래 가운데 또 하나로 '훈고학적' 민중신학이 있다. 대개 1세대 민중신학의 진술을 그대로 따와 오늘의 논의를 평가하려는 경향을 말한다. 훈고학이 고문에 대한 해석을 지향한다는 점에서, 과거의 진술 그대로 인용하기를 즐기는 이 경향은 '훈고학적 민중신학'이라기보다는 '민중신학 근본주의'라고 보는 것이 더 적절할지 모르겠다.

---

* 반신학 또는 탈신학 계보: 세대별 민중신학: 1세대, 2세대, 3세대 (민중)여성신학 / 민중종교신학
* 신학적 재구성의 시도: 서구 신학과의 차별화 전략 서구 신학과의 동일화 전략
* '훈고학적' 민중신학 또는 '민중신학 근본주의'

계보학적으로 보나 그 밖의 여러 경향으로 보나, 이제 민중신학은 단일한 색조를 지닌 신학은 아니다. 그럼

에도 불구하고 민중신학은 현재진행형의 신학으로서 고유한 특성을 지니고 있다. 그 특성은 '민중사건'을 신학적 성찰의 출발점으로 하고 있다는 점이다.

3. 오늘의 역사적 지평에서 민중신학의 의의와 전망

안병무는 한국에서 신학하는 것을 행복하게 느낀다고 말했다.[4] 그 이유는 다름이 아니라 현장에서 신학을 하고 있다는 사실 때문이었다. 안병무는 서구의 신학이 현장을 결여하고 있는데 반해 민중신학은 생생한 민중의 생활 현장을 기반으로 하고 있는 사실을 확인하면서 커다란 자긍심을 갖고 있었다.[5] 안병무가 말한 대로 민중신학은 민중사건을 증언하는 신학으로서 성격을 지니고 있고, 안병무가 민중사건을 인식하고 신학을 펼친 그 기간은 한국 민중운동이 형성되어 활발히 펼쳐지고 있던 시기였음을 감안하면 그에 대해 충분히 공감할 수

---

4 안병무, 『민중신학 이야기』 (서울: 한국신학연구소, 1987), 28.
5 안병무, 앞의 책, 71.

있다.

그런데 1980년대 안병무가 서구 신학에 대해 느꼈던 문제의 상황은 오늘의 한국 민중신학에도 그대로 적용되는 것은 아닐까? 민중신학은 바로 지금 진행되고 있는 민중사건을 증언하기보다는 일종의 훈고학적 해석의 대상으로 전락한 것은 아닐까? 1970~1980년대와 같은 민중운동의 양상을 더는 보기 어려운 것이 사실이다. 그런 만큼 민중운동과 직결된 신학적 성찰이 활발히 이뤄지지 않는 것으로 보이기도 한다. 그나마 민중신학의 이름으로 시도되는 작업들 가운데 과거 민중신학에 대한 훈고학적 해석이나 이론적 관심사에 경도된 경향들도 존재한다. 그 점에서 1970~1980년대 민중신학이 갖고 있던 활력을 찾아보기 어려운 것은 부인하기 어렵다.

1) 오늘 다층화한 민중의 실재

그러나 그 상황이 민중신학이 제기했던 문제의식과 그 신학의 방법이 갖는 의의 자체를 부정하는 것일 수는 없다. 민중신학이 민중 '사건'을 증언하는 것이라 했을 때 그 강조점은 민중이 자신의 한계를 초월하여 주체로서 운동을 형성해가는 것에 있다. 그런데 민중신학은 민중 '사건' 이전에 엄연히 존재하는 민중 '실재'에 대한 인식을 간과하지 않는다. 민중의 실재란 다양한 형태로 경험하고 있는 민중들의 고통스러운 삶의 현실을 뜻한다. 사실 민중신학자들은 먼저 그와 같이 고통 가운데 있는 민중 그 자체를 발견하고, 때로는 자신들도 해직되거나 감옥에 갇히는 등 그와 유사한 경험의 상황에 처하게 되면서 시각과 의식의 변화를 경험하였다. 이 점에서 민중의 고통스러운 삶의 실재에 대한 인식이 민중신학 형성의 출발점이 된다.

그 입장에서 볼 때 오늘 우리 삶의 현실은 어떨까? 오늘 현실에서 더 이상 고통스러운 민중의 문제는 사라진 것일까? 지구화된 세계 경제는 물자와 인간의 소통을 확대시키고 경제적 규모를 확대시키고 있음에도 불구하고 그 안에 매우 다층적인 차별적 위계질서를 동반하고 있다. 사람들의 경제적 형편과 삶의 질은 공평해진 것이 아니라 더욱더 심각한 격차를 안게 되었다. 코로나

19 팬데믹 현상으로 그 격차는 더욱 심화되고 있다. 세계적으로 불안정한 노동이 일상화되고 그에 따르는 노동계급의 주변화 현상이 현저해지고 있다. 동시에 그와 직결되어 매우 다양한 차별 현상들이 심화되고 있다. 인간이 더는 인간이라기보다는 그저 일회용 소모품과 같이 취급받고 있는 경우도 허다하다.

차별적인 사회 안에서 고통을 겪고 있는 사람들은 매우 다양한 이름들을 갖고 있다. 이들은 '민중'이라는 단일한 이름으로보다는 각 사회마다 각기 다른 매우 다양한 이름들로 불리고 있다. 바로 그와 같은 사람들의 고통스러운 삶의 실재가 존재하는 한 민중신학의 문제의식과 그 신학의 방법이 갖는 의의는 사라지지 않는다. 특별히 탈귀속적 존재로서 오클로스에게서 민중의 고통과 동시에 역능을 발견한 안병무의 민중신학은 오늘 여러 배제된 이들의 현실에 접근하는 데 중요한 통찰을 제공해주고 있다.

2) 공적인 것이 소멸되는 오늘 상황에서 민중신학의 의의

또한 1980년대 민중운동의 절정기에 안병무가 몰입하였던 하느님 나라의 역사화로서 '공(公)의 신학'은 공적인 것의 소멸 현상이 노골화되고 있는 오늘의 현실에서 더욱 절실한 의미를 지니고 있다.

해방과 분단 이후 한국 사회는 한편으로는 눈부신 발전을 이룬 것이 사실이다. 그럼에도 불구하고 오늘 한국 사회는 심각한 문제들을 안고 있다. 몇 차례에 걸친 정권 교체가 있었고, 2016~2017년에는 촛불 항쟁으로 새로운 변화가 기대되었지만, 1987년 민주화 항쟁 이후 변화한 것에 비하여 과연 얼마만큼 변화되었을까? 자본주의적 산업화가 급격하게 진전된 것과 동시에 절정에 이른 민중운동의 결과로 1987년 민주화를 성취하였지만, 안타깝게도 그 변화 효과는 제한적이었다. 절차적 민주주의는 진전되었으나 실질적 민주주의는 여전히 과제로 남아 있는 제한된 민주화였을 뿐이다. 경제 개발 시대 주도권을 쥐어왔던 지배 세력은 변화되지 않았고,

지금도 성장 제일주의가 사회를 지배하고 있다. 여전히 경쟁과 효율이 최고의 가치로 여겨지고 있으며, 사회적 정의와 평화는 뒷전으로 밀리고 있다. 경제적 불평등이 심화되고 있고, 그에 편승하여 사회적 차별과 혐오의 정치가 폐해를 일으키고 있다. 이는 정치적 민주주의를 제약하는 효과로 귀결되고 있다.

5년 전 촛불 민의를 따라 새 정부가 구성되었을 때만 해도 한국 민주주의에 대한 기대는 낙관적이었다. 세계적으로 우익 포퓰리즘이 득세하는 상황에서도 예외적인 상황이 펼쳐진 것에 안도하였다. 그러나 촛불 정부로 일컬어진 지난 정부하에서 그 기대는 실현되지 않았다. 결국 한국 사회를 지배해온 재벌·금융·행정·사법·언론 등이 결탁한 기득권 카르텔이 강고하다는 것을 확인해야 했고, 그 세력은 2022년 두 차례에 걸친 선거(대통령선거, 지방선거)를 통해 다시 합법적으로 권력을 장악했다. 사회적 불평등과 불공정을 강화한 세력이 오히려 공정을 내세우며 화려하게 복귀한 형국이다.

그렇게 등장한 정치 세력은 '공정과 상식'을 내세우고 있지만, 그 정책은 시장의 법칙을 전면에 내세워 능력주의와 경쟁주의를 강화할 수밖에 없는 날것의 신자유주의 기조 위에 있다. 규제 개혁, 자율성, 선택 등이 강조되는 것은 국가의 공공적 책임보다는 시장의 자율성에 맡기겠다는 것이다. 법인세와 종부세 인하, 각종 규제 해제, 중대재해처벌법 개정, 52시간 근무제 개편, 최저임금제도 조정 등으로 기업의 투자를 유도하겠다는 정책만 두드러질 뿐 사회적 양극화에 대한 대안은 전혀 보이지 않는다. 환경과 에너지 대안은 거꾸로 가고, 남북 및 국제관계에서도 긴장을 유발할 가능성이 높아졌다. 여기에 더해 검찰 권력을 중추로 하는 통치 방식이 가시화하고 있다. 권력의 분립과 견제를 기본 취지로 하는 '법치주의'가 국민 통제의 수단으로 전락하고 있다.

한국적 자본주의의 전개 과정에서 비판적 성찰 담론으로서 민중신학의 문제의식은 바로 그 현실 가운데서 새삼 조명될 수 있다. 그 통찰은 공적인 것의 소멸 현상이 심화되는 오늘의 현실을 넘어설 뿐 아니라, 공을 사유화하는 것을 기반으로 하는 자본주의적 체제와 그에 따른 삶의 방식을 넘어설 실천적 상상력을 자극하고 있다.

맺음말에 갈음하여

처음 신학에 입문하던 때부터 민중신학은 신학적 사고를 형성하는 데 결정적 역할을 하였다. 역사의 무게를 깊이 의식할 뿐 아니라 평범한 사람들의 삶의 문제를 정면으로 마주하며 신앙적으로 성찰하는 민중신학은 갓 입문한 신학도에게 길잡이가 될 빛과도 같았다. 신학도로서 다양한 신학 사상을 접하는 건 필수적 과정이었지만, 그 가운데서 민중신학적 문제의식은 늘 다양한 신학 조류를 판별하는 가늠자 역할을 했다.

신학에 입문한 1980년대 초반은 한국 민중운동이 질적으로 비약하는 시기였다. 그런 만큼 신학적 문제의식에서 그 시대적 정황을 비켜설 수 없었다. 당시 나를 크게 사로잡은 문제의식은 '운동'과 '신앙'의 관계였다. '운동'은 사회변혁을 추구하는 실천을 함축하는 것이었고, '신앙'은 그 실천에 참여하는 그리스도인으로서 내적 동기와 관련된 것이었다. 그리스도인으로서 사회변혁운동 곧 민중운동에 참여하는 청년·학생들에게 그 관계는 매우 실존적 문제였다. 단지 개인의 관심사가 아니라 당시 민중운동에 참여하는 그리스도인들 공통의 문제였다. 1980년대 내내 민중운동에 참여하는 그리스도교 청년·학생들에게 논란이 된 이른바 '정체성 논쟁'은 그 문제 상황을 반영한 것이었다. '운동'을 택하면 '신앙'을 버리고, '신앙'을 택하면 '운동'을 버리는 양상이 벌어지는 가운데서 양자의 통합을 가능하게 하는 실천 이론으로서 신학이 절실했다.

목마른 사람이 우물을 파는 심정으로 선배 신학자들을 찾아 나서게 되었다. 한국신학연구소는 선배 민중신학자들을 만날 수 있는 더없이 좋은 공간이었다. 안병무 선생을 중심으로 하는 월례 모임이 지속되고 있었다. 대학을 막 졸업하고 대학원에 진학한 신학도로서 그 자리에 말석을 차지하여 배우며 소통하게 되었다. 학교에서는 충족되지 않은 배움의 자리였다. 더불어 청년·학생들의 문제의식을 선배 민중신학자들에게 전할 수 있는 소중한 자리이기도 했다. 덕분에 오늘날 민중신학의 고전이 된 안병무 선생의 『민중신학 이야기』를 펴내는 작업에도 참여하게 되었다. 안병무 선생께서 건강이 좋지 않은 터여서 소중한 민중신학적 통찰을 기록으로 남겨두려는 제자들의 짜내기 작전이었다. 대화록을 풀어 초고를 만들어내는 것이 내 임무였다. 그 초고를 선생께 드리면 내용을 보충하고 가다듬어 완성된 원고를 작성하였고, 마침내 책으로 엮어져 나왔다.

1990년 한국신학연구소가 공동체의 꿈을 펼치기 위한 터전으로 찾아 천안 아우내(병천倂川)로 이전하였을 때 연구원으로서 함께 하였다. 지금까지 천안에 눌러 살게 된 계기였다. 그러던 중 1991년이었던 것으로 기억하는 어느 날 한국민중신학회 창립(1992. 9. 24.)을 위한 준비 모임이 성공회 성가수녀원에서 열렸다. 그때도 말석이었지만 동료 김진호와 함께였다. 학회를 만든다고 하니 기대가 되었지만, 여전히 말석을 차지하고 있는 청년 신학도들에게는 염려되는 바도 있었다. 쟁쟁한 선배 신학자들 앞에서 목소리를 제대로 낼 수 있을까 싶었다. 그래서 결성한 것이 젊은 민중신학자들의 모임이었고, 그것은 훗날 제3시대그리스도교연구소가 되었다. 메이저리그에 대응해 마이너리그를 결성했다고 할까? 긴장감도 있었지만, 세대를 이어 발전하는 민중신학의 한 발판이 된 것 같다. 일부는 양쪽을 왔다갔다 했다. 나는 그중 한 사람이었다.

세월이 흘러 안병무 선생에게서 시작된 한국민중신학회 회장직을 두 차례에 걸쳐 맡기까지 했다. 늘 말석이었다고 생각했는데, 어느덧 후학들을 바라보는 시점에 이르러 민중신학을 강의하게 되었다. 세월이 흐른 만큼 민중신학 탐구의 여정에서 쌓인 결과물이 결코 적다고는 할 수 없다. 그것들을 엮어내고픈 마음이 없는 건 아니지만, 그보다는 이 작은 책자를 서둘러 내고 싶었다. 민중신학이 한 시대의 소임을 다한 것으로 여겨지지 않고 여전히 중요한 통찰을 주는 신학으로 받아들여지고 있고, 더욱이 젊은 세대 가운데서 그 관심이 지속되고 있다면, 그에 응하는 것이 더 급선무로 여겨졌다.

어떤 신학이든 영원할 수는 없다. 신학은 각기 그때그때의 상황에서 진지하게 신앙의 문제에 응답하는 시도일 뿐이다. 어떤 신학이든 각기 시대적 소임을 갖고 있다는 이야기이다. 그러나 시대적 소임을 다했다고 해서 그 신학의 생명력이 다한 것을 뜻하지는 않는다. 특정한 시대의 빛나는 통찰은 끊임없이 재해석되는 가운데 영감의 원천이 되기도 한다. 오백 년이 넘은 종교개혁 신학은 여전히 생명력을 지니고 있다. 천년이 다 된 토마스 아퀴나스Thomas Aquinas의 신학, 그보다 더 오랜 아우구스티누스St. Augustinus의 신학 또한 여전히 재해석되는 가운데 영향을 끼치고 있다. 그리스도의 복음은 이천 년이 넘었고, 구약의 지평으로 연장하면 수천 년이 넘었지만, 여전히 영감의 원천이 되고 있지 않은가?

서남동 선생은 복음은 원래 가난한 자들의 복음이었다고 말했다. 그 정신을 회복한 것이 민중신학이다. 그 복음의 정신에 가장 가까이 다가가고자 했던 신학의 생명력이 다 했다면 아마도 가난한 자들에게 기쁨이 되는 소식이 굳이 필요 없는 세상이 되었다는 뜻이 아닐까? 여전히 가난한 이들에게 기쁨의 소식이 절실한 세상이 지속되고 있다. 갈등과 분쟁이 지속되고 있고 그 가운데서 고통을 겪는 이들이 다수를 이루고 있다. 그렇다면 민중신학의 생명력 또한 지속할 수밖에 없다. 그것은 물론 민중신학이 표방한 몇 가지 명제를 교조화하는 것으로 생명력을 연장하는 것일 수는 없다. 그때그때마다 창의적인 해석이 더해질 때 그 생명력은 지속될 것이다.

민중신학의 소임은 다했다고 함부로 말해서는 안 된다. 세상이 그다지 변하지 않고 사람들의 고통이 여전한 상황 가운데서, 혹시라도 안락함의 유혹에 빠지려는 그리스도인들이 있다면 민중신학은 그 유혹에 빠진 삶을 방해하는 등에와 같은 역할로 끊임없이 일깨울 것이다.

참고문헌

강원돈. "서남동 신학을 현재화하려는 두 시각 — 범재신론과 해체주의." 2022년 10월 25일 신안에서 열린 생명 평화 민중신학 학술대회 논평문.

_____. 『物의 神學 — 실천과 유물론에 굳게 선 신학의 모색』. 서울: 한울출판사, 1992.

교수신문 편. 『오늘의 우리 이론 어디로 가는가 — 현대 한국의 자생이론 20』. 서울: 생각의나무, 2003.

구스타보 구티에레즈/편집부 역. 『해방신학』. 서울: 한밭출판사, 1984.

권진관. 『예수, 민중의 상징·민중, 예수의 상징』. 서울: 동연, 2009.

기독교사상편집부 편. 『한국의 신학사상』. 서울: 대한기독교서회, 1983.

김경재. "죽재 서남동의 현재적 그리스도론." 「신학사상」 99(1997).

_____. 『해석학과 종교신학』. 천안: 한국신학연구소, 1994.

김경호. "민중신학에 토대한 교회." 「시대와민중신학」 2(1995).

김달수. "예수의 메시야 자의식." 「신학사상」 84(1994).

김명수. 『안병무의 신학사상』. 서울: 한울, 2011.

김세균. "계급 그리고 민중, 시민, 다중." 「진보평론」 20(2004).

김용복. 『지구화 시대 민중의 사회전기』. 천안: 한국신학연구소, 1998.

_____. 『한국민중과 기독교』. 서울: 형성사, 1981.

김용복박사팔순기념논문집출판위원회 편. 『민중과 생명』. 서울: 동연,

2018.

김준태. "아아, 광주여! 우리나라의 십자가여!" 「전남매일신문」 1980. 6. 2.

김지철. "민중신학의 성서읽기에 대한 비판적 고찰." 「신학사상」 69 (1990).

김지하. 『밥』. 왜관: 분도출판사, 1984.

김진호. "'운동의 신학'에서 '고통의 신학'으로 — 포스트 '1987년 체제'의 신학." 이정희 외. 『민중신학, 고통의 시대를 읽다』. 왜관: 분도출판사, 2018.

_____. "한국 그리스도교 인권담론과 신학적 성찰 — 안병무의 신학을 중심으로." 「종교문화비평」 12(2007).

_____. 『반신학의 미소』. 서울: 삼인, 2001.

_____. 『예수 역사학 — 예수로 예수를 넘기 위하여』. 서울: 다산글방, 2000.

_____ 편. 『예수 르네상스 — 역사의 예수연구의 새로운 지평』. 천안: 한국신학연구소, 1996.

김창락. "기로에 서 있는 민중신학." 「신학사상」 96(1997).

김희헌. 『민중신학과 범재신론 — 민중신학과 과정신학의 대화』. 서울: 너의오월, 2014.

_____. 『서남동의 철학』. 서울: 이화여자대학교출판부, 2013.

맥스 L. 스택하우스/이상훈 역. 『세계화와 은총 — 글로벌 시대의 공공신학』. 서울: 북코리아, 2013.

민중신학연구소 편. 『민중은 메시아인가』. 서울: 한울, 1995.

박재순. "민중 메시아론에 대한 신학적 고찰." 민중신학연구소 편. 『민중은 메시아인가』. 서울: 한울, 1995.

변선환. "민중해방을 지향하는 민중불교와 민중신학 — 미륵신앙을 중심하여서." 변선환아키브 편. 『종교간 대화와 아시아신학』 변선환전집1. 천안: 한국신학연구소, 1996.

볼프강 크뢰거. "한국민중신학의 그리스도론적 함의." 「신학사상」 67(1989).

서광선 편. 『恨의 이야기』. 서울: 보리, 1987.

서남동. 『민중신학의 탐구』 개정증보판. 서울: 동연, 2018.

_____. 『민중신학의 탐구』. 서울: 한길사, 1983.

_____. 『전환시대의 신학』. 서울: 한국신학연구소, 1976.

송기득. "민중 메시아론." 「신학사상」 96(1997).

송호근. 『인민의 탄생 — 공론장의 구조변동』. 서울: 민음사, 2011.

신채호. "조선혁명선언." 한국신학연구소 편. 『한국민중론』. 서울: 한국신학연구소, 1984.

아라이 사사구. "민중 메시아론과 여자/어린이 관점." 「신학사상」 84(1994).

안병무. 『한국 민족운동과 통일』. 서울: 한국신학연구소, 2001.

_____. 『그래도 다시 낙원에로 환원시키지 않았다』. 천안: 한국신학연구소, 1995.

_____. 『역사와 민중』 안병무전집 6. 서울: 한길사, 1993.

_____. 『갈릴래아의 예수 — 예수의 민중운동』. 서울: 한국신학연구소, 1990.

_____. 『민중사건 속의 그리스도』. 서울: 한국신학연구소, 1989.

_____. "예수운동과 物."「신학사상」62(1988).

_____. 『민중신학 이야기』. 서울: 한국신학연구소, 1987.

_____. 『역사 앞에 민중과 더불어』. 서울: 한길사, 1986.

_____. "하늘도 땅도 공이다."「신학사상」53(1986).

_____ 편. 『사회학적 성서해석』. 서울: 한국신학연구소, 1983.

안병무박사고회기념논문집출판위원회 편. 『예수·민중·민족』. 천안: 한국신학연구소, 1992.

안수경. "민중교회의 현황과 인식조사(I)."「기독교사상」427 (1994).

양권석. "한국적 성서읽기의 한 방법으로서 상호텍스트적 성서해석의 가능성."「시대와 민중신학」5(1998).

에드워드 사이드/박홍규 옮김. 『오리엔탈리즘』 증보판. 서울: 교보문고, 2001.

염무웅. "시인 김지하가 이룬 것과 남긴 것들."「창작과비평」197 (2022).

오재식. "어떤 예수의 죽음 ― 고(故) 전태일씨의 영전(靈前)에."「기독교사상」151(1970).

오지영. 『東學史』. 서울: 영창서관, 1940.

위르겐 몰트만/김균진 역. 『신학의 방법과 형식 ― 나의 신학 여정』. 서울: 대한기독교서회, 2001.

_____/기독교사상편집부 편. "민중의 투쟁 속에 있는 희망." 『한국의 신학사상』. 서울: 대한기독교서회, 1983.

이경재. 『해석학적 신학』. 서울: 다산글방, 2002.

이상철. "논란의 중심 민중 메시아." 이정희 외. 『민중신학, 고통의 시대를 읽다』. 왜관: 분도출판사, 2018.

이정희. "민중의 언어 없이 민중의 시대는 오지 아니한다." 「신학사상」 81(1993).

_____ 외. 『민중신학, 고통의 시대를 읽다』. 왜관: 분도출판사, 2018.

임태수. "서남동의 예수 이해, 민중 이해에 대한 새로운 고찰." 「신학사상」 86(1994).

_____. "민중은 메시아인가? — 안병무의 민중 메시아론을 중심으로." 「신학사상」 81(1993).

장일조. "죽재를 위한 하나의 대화." 죽재서남동목사기념논문집편집위원회 편. 『전환기의 민중신학』. 서울: 한국신학연구소, 1992.

전태일기념관건립위원회 엮음. 『어느 청년 노동자의 삶과 죽음 — 전태일(全泰壹) 평전』. 서울: 돌베개, 1983.

정용택. "다시, 민중신학의 세대론적 전개를 위하여." 「교수신문」 2022. 4. 13.

정창렬. "백성의식·평민의식·민중의식." 한국신학연구소 편. 『한국민중론』. 서울: 한국신학연구소, 1984.

조동일. "민중·민중의식·민중예술." 한국신학연구소 편. 『한국민중론』. 서울: 한국신학연구소, 1984.

최장집. 『한국의 노동운동과 국가』. 서울: 나남출판, 1997.

최종철. "'민중교회'의 변화에 대한 사회학적 고찰." 「경제와사회」 24(1994).

최형묵. "민중신학이 바라보는 문화신학." 「농촌과목회」 89(2021).

_____. "解題." 心園記念事業會 編.『民衆神学を語る』安炳茂著作選集 1. 大阪: かんよ出版社, 2016.

_____. "민중신학은 진화하고 있는가."「농촌과 목회」66 (2015).

_____.『한국 근대화에 대한 기독교윤리적 평가 ― 산업화와 민주화의 모순관계에 주목하다』. 서울: 한울, 2015.

_____. "민중사건의 증언: 안병무의 민중신학."「진보평론」64 (2015).

_____.『한국 기독교의 두 갈래 길』. 서울: 이야기쟁이낙타, 2009.

크리스티네 린네만-페린. "교회의 정치적 책임." 안병무박사고희기념논문집출판위원회 편.『예수·민중·민족』. 천안: 한국신학연구소, 1992.

한국신학연구소 편.『한국민중론』. 서울: 한국신학연구소, 1984.

_____ 학술부. "민중교회의 현장과 활동."「신학사상」63(1988).

한스 요아힘 크라우스/박재순 역.『조직신학』. 서울: 한국신학연구소, 1986.

한완상 김성기. "恨에 대한 민중사회학적 시론 ― 종교 및 예술체험을 중심으로." 서광선 편.『恨의 이야기』. 서울: 보리, 1987.

현영학. "한국탈춤의 신학적 이해." NCC신학연구위원회 편.『민중과 한국신학』. 서울: 한국신학연구소, 1982.

황성규. "안병무의 예수 이해."「신학사상」99(1997).

Bonhoeffer, D. *Widerstand und Ergebung*. München: Kaiser Verlag, 1951.

Bultmann, R. *Kerygma und Mythos*. Bd. I. Hamburg: Reich, 1967.

EMW. "민중신학자들과 독일 신학자들의 대화."「신학사상」69(1990).
NCC신학연구위원회 편.『민중과 한국신학』. 서울: 한국신학연구소, 1982.